ANDREAS STUPKA, DIETMAR FRANZISCI
UND RAIMUND SCHITTENHELM

VON DER NOTWENDIGKEIT
DER MILITÄRWISSENSCHAFTEN

ÖSTERREICHISCHE AKADEMIE DER WISSENSCHAFTEN
KOMMISSION FÜR DIE WISSENSCHAFTLICHE ZUSAMMENARBEIT
MIT DIENSTSTELLEN DES BM FÜR LANDESVERTEIDIGUNG UND SPORT

PROJEKTBERICHTE
HERAUSGEGEBEN VON HANS SÜNKEL

VERLAG DER ÖSTERREICHISCHEN AKADEMIE DER WISSENSCHAFTEN
WIEN 2010

Von der Notwendigkeit der Militärwissenschaften

ANDREAS STUPKA, DIETMAR FRANZISCI
UND RAIMUND SCHITTENHELM

VON DER NOTWENDIGKEIT DER MILITÄRWISSENSCHAFTEN

ON THE NECESSITY OF MILITARY SCIENCE

VERLAG DER ÖSTERREICHISCHEN AKADEMIE DER WISSENSCHAFTEN
WIEN 2010

*Vorgelegt bei der Sitzung
der math.-nat. Klasse
am 16. Dezember 2010*

ISBN 978-3-7001-6970-3

IMPRESSUM

*Medieninhaber und
Herausgeber:
Österreichische
Akademie der
Wissenschaften*

*Kommissionsobmann:
o. Univ.-Prof. DI Dr. Hans Sünkel, w. M.*

*Layout:
Dr. Katja Skodacsek*

*Lektorat:
DDr. Josef Kohlbacher*

*Druck:
BMLVS/Heeresdruckerei R 11-0065*

Wien, im Dezember 2010

Editorial

Die Kommission der Österreichischen Akademie der Wissenschaften für die wissenschaftliche Zusammenarbeit mit Dienststellen des Bundesministeriums für Landesverteidigung und Sport wurde auf Initiative von Herrn Altpräsidenten em. o. Univ.-Prof. Dr. Dr. h. c. Otto HITTMAIR und Herrn General i. R. Erich EDER in der Gesamtsitzung der Österreichischen Akademie der Wissenschaften am 4. März 1994 gegründet.

Entsprechend dem Übereinkommen zwischen der Österreichischen Akademie der Wissenschaften und dem Bundesministerium für Landesverteidigung und Sport besteht die Zielsetzung der Kommission darin, für Projekte der Grundlagenforschung von Mitgliedern der Österreichischen Akademie der Wissenschaften, deren Fragestellungen auch für das Bundesministerium für Landesverteidigung und Sport eine gewisse Relevanz besitzen, die finanzielle Unterstützung des Bundesministeriums zu gewinnen. Von Seiten des Bundesministeriums für Landesverteidigung und Sport wird andererseits die Möglichkeit wahrgenommen, den im eigenen Bereich nicht abgedeckten Forschungsbedarf an Mitglieder der höchstrangigen wissenschaftlichen Institution Österreichs vergeben zu können.

In der Sitzung der Kommission am 16. Oktober 1998 wurde der einstimmige Beschluss gefasst, eine Publikationsreihe zu eröffnen, in der wichtige Ergebnisse von Forschungsprojekten in Form von Booklets dargestellt werden.

Meiner Vorgängerin in der Funktion des Kommissionsobmanns, Frau em. o. Univ.-Prof. Dr. DDr. h. c. Elisabeth LICHTENBERGER, sind die Realisierung und die moderne, zweckmäßige Gestaltung dieser Publikationsreihe zu verdanken.

Das Bundesministerium für Landesverteidigung und Sport hat dankenswerterweise die Finanzierung der Projektberichte übernommen, welche im Verlag der Österreichischen Akademie der Wissenschaften erscheinen.

Hiermit wird

* Projektbericht 12:
  Andreas Stupka, Dietmar Franzisci und Raimund Schittenhelm: Von der Notwendigkeit der Militärwissenschaften. Wien 2010.

vorgelegt.

Wien, im Dezember 2010   Hans Sünkel

Vorwort des Kommissionsobmannes

Die Zukunft tertiärer Bildung und Ausbildung zählt unter den herrschenden Rahmenbedingungen sich verengender Ressourcen aktuell zu den öffentlich intensiver diskutierten Themen in Österreich. Die laufende Diskussion bezieht sich dabei vollständig auf den zivilen Bereich.

Der Österreichische Wissenschaftsrat hat es 2010 unternommen, seine im November 2009 vorgestellte Studie „Universität Österreich 2025" zur Zukunft tertiärer Bildung und Ausbildung um den militärischen Aspekt zu erweitern und diesen im Laufe des Jahres zu beraten.

Das Bundesministerium für Landesverteidigung und Sport denkt im Zuge umfangreicher Reformmaßnahmen gegenwärtig intern ebenfalls intensiv über die Gestaltung seiner zukünftigen tertiären Bildung und Ausbildung nach. Parallel dazu haben drei ausgewiesene Generalstabsoffiziere des Österreichischen Bundesheeres und aktive Mitglieder unserer gemeinsamen Kommission das damit eng zusammenhängende Thema „Von der Notwendigkeit der Militärwissenschaften" und deren Einbindung in das wissenschaftliche Fächersystem Österreichs behandelt, Überlegungen angestellt und die Ergebnisse als Projektbericht 12 dieser Kommission für die Öffentlichkeit zusammengefasst.

Die gegebene besondere Aktualität der Thematik und die Übereinstimmung mit meinem Stellvertreter in der Kommissionsleitung in dieser Auffassung rechtfertigen das Vorziehen der Drucklegung des vorliegenden Berichtes und die dadurch notwendige publizistische Verschiebung der ursprünglich geplanten Themen.

Ich danke den Autoren für das im Rahmen der Kommissionsberichte erstmalige Aufgreifen der Militärwissenschaften als Forschungsthema und dem damit genuin militärwissenschaftlichen Beitrag zu den im Rahmen der Kommission unternommenen Forschungen.

Der verdienstvolle Einsatz der Autoren verspricht auch im Rahmen der laufenden Diskussion zur Weiterentwicklung des militärischen tertiären Bildungs- und Ausbildungssystems und darüber hinaus Klarstellungen anzubieten sowie weiter reichendes Interesse nachhaltig anzuregen. Auf diese Weise werden auch die Militärwissenschaften einem breiteren Interessentenkreis im Zivilbereich näher gebracht und als natürliche Erweiterung des Fächerspektrums in Österreich besser etabliert.

Graz, im Dezember 2010

Magnifizenz o. Univ.-Prof. Dipl.-Ing. Dr. techn. Hans SÜNKEL, w. M.,
Rektor TU-Graz, Präsident Österreichische Universitätenkonferenz,
Kommissionsobmann

Geleitwort des Chefs des Generalstabes des ÖBH

Die Militärwissenschaften gehören in Österreich noch nicht zu den auf tertiärem Bildungsniveau allgemein wahrgenommenen Wissenschaftsbereichen. Sie sind bis heute weitgehend auf den militärischen Ausbildungsbereich im Österreichischen Bundesheer (ÖBH) beschränkt und aus meiner Sicht noch nicht ausreichend eng mit den zivil gepflegten Wissenschaften, insbesondere an den österreichischen öffentlichen Universitäten, verbunden. Diese Situation ist weder typisch für europäische und noch weniger charakteristisch für zahlreiche außereuropäische Staaten.

Gegenwärtig werden im Bundesministerium für Landesverteidigung und Sport intensive Überlegungen zur Gestaltung der Zukunft des Österreichischen Bundesheeres angestellt.

Dazu zählt auch der Bereich der militärischen tertiären Bildung und Ausbildung, welcher gleichzeitig vom Österreichischen Wissenschaftsrat beraten wird. Derartige Überlegungen fördern das Interesse an vertieftem Verständnis der Militärwissenschaften, ihren Grundlagen, deren Aufbau sowie der diesbezüglichen Praxis in Österreich sowie in Europa.

Vor diesem Hintergrund freut es mich besonders, dass sich drei sehr namhafte Autoren aus dem Kreis aktiver österreichischer Generalstabsoffiziere, alle Mitglieder der Kommission der Österreichischen Akademie der Wissenschaften (ÖAW) für die wissenschaftliche Zusammenarbeit mit Dienststellen des Bundesministeriums für Landesverteidigung und Sport (BMLVS), bereit gefunden haben, ihre Überlegungen „Von der Notwendigkeit der Militärwissenschaften" im Rahmen dieser Kommission zusammenzufassen und im vorliegenden Projektbericht 12 der Öffentlichkeit vorzustellen.

Die Publikation vereinigt die Sicht eines aktiven Leiters eines Forschungsinstitutes der Landesverteidigungsakademie, des Kommandanten dieser ranghöchsten Bildungseinrichtung des ÖBH und des im BMLVS zuständigen Sektionsleiters. Die Autoren sind Absolventen unterschiedlicher Generalstabskurse des ÖBH, gehören deutlich unterschiedlichen Geburtsjahrgängen an und decken gemeinsam ein besonders umfassendes Erfahrungs- und Verantwortungsspektrum sehr erfolgreicher militärischer Berufskarrieren ab. Es darf daher von einer fachlichen Ausgewogenheit der dargelegten Sichtweisen ausgegangen werden; ein Umstand, der dieses Werk auch Nichtfachleuten als Lektüre besonders empfiehlt.

Die herausragende Funktion dieser Publikation zum gegenwärtigen Zeitpunkt liegt für mich in ihrer Impulsgebung sowie Stimulierung einer ÖBH-internen, aber auch öffentlichen Diskussion zu den Militärwissenschaften, deren Aufnahme in den Kanon der österreichischen wissenschaftlichen Disziplinen, nicht zuletzt aber auch in deren Anbindung an die Militärwissenschaften europäischer Staaten im Rahmen des Bologna-Prozesses sowie fachlich potenter außereuropäischer Länder.

Ich begrüße das Erscheinen dieses Beitrages zu den Militärwissenschaften im Rahmen der gemeinsamen Kommission im Verlag der Österreichischen Akademie der Wissenschaften und wünsche allen Lesern geistigen Zugewinn sowie Anregung zu eigenen Beiträgen im breiten Feld der Militärwissenschaften und damit zu deren Verbreitung auch in der österreichischen Wissenschaftslandschaft.

Wien, im Dezember 2010

General Mag. Edmund ENTACHER,
Chef des Generalstabes des Österreichischen Bundesheeres,
Stellvertretender Kommissionsobmann

Inhaltsverzeichnis

1 Kurzfassung

Die Wissenschaftsdisziplin der Militärwissenschaften ist in Österreich eine ausschließliche Domäne des Militärs und daher der akademischen Öffentlichkeit kaum bekannt. Ziel dieser Arbeit ist es, Bestimmung, Wesen und Wert der Militärwissenschaften kritisch zu durchleuchten und eine Struktur dieser Wissenschaftsdisziplin darzulegen. Dabei stellt sich heraus, dass Militär und politisches Gemeinwesen in einer dialektischen Beziehung zueinander stehen. Die Grundlage dieser Beziehung ist der *Polemos* als Urprinzip allen Handelns, weshalb Kampf, Konflikt und Krieg als Ausgangspunkt und wesentlicher Teil der Militärwissenschaften untersucht werden. Das politische Handeln zur Sicherung des Überlebens des Gemeinwesens determiniert sich in diesem Zusammenhang als Strategie. Das Militär tritt hier als ein entscheidendes Instrument politisch-strategischen Handelns hervor, weshalb dessen Untersuchung einen zweiten großen Teil der Militärwissenschaften ausfüllt. Nach dieser Analyse, aus der sich die Notwendigkeit der Militärwissenschaften als Wissenschaftsdisziplin begründet, werden die Militärwissenschaften an sich dargelegt und ihr System dargestellt. Insgesamt stellt sich nach dieser Untersuchung heraus, dass die Militärwissenschaften entscheidend zum Gelingen des Staatsganzen beitragen und daher insbesondere unter dem Blickwinkel des Zusammenwachsens Europas auch in Österreich als eigene Wissenschaftsdisziplin an den öffentlichen Bildungseinrichtungen zu etablieren wären.

2 Abstract

Military Arts and Sciences in Austria exist in isolation from the broad public more or less within the armed forces only. This is a key reason why they are not so well known as scientific disciplines across Austria's academia and the broad public.

The publication presented herewith is to critically analyze intended purpose, character and value of Military Arts and Sciences.

A key finding is that the State and his Military are tied together in a dialectical relation based upon *polemos* as principal source of all ways of acting. This causes the phenomena of fight, conflict and war analysis to constitute the main parts of Military Arts and Sciences. Political manoeuvres to secure the survival of the State thus determine themselves as "strategy". The Military is perceived as a decisive instrument in the "grand strategy" context. "Strategy" therefore turns out to be the second main pillar of Military Arts and Sciences.

Furthermore, this publication highlights the system of Military Arts and Sciences too. It is argued that Military Arts and Sciences are essential success elements for most actions of armed forces ordered by the State.

To support and strengthen the process of growing together within the European Union military domain Military Arts and Sciences should be established and taught like all recognized scientific disciplines at university level in Austria just like in many European Union Member States too.

3 Einleitung

Das Ende des über 50 Jahre währenden so genannten Kalten Krieges hat vor allem für Europa eine neue Epoche der sicherheitspolitischen Entwicklung beginnen lassen, die sich von der davor liegenden in vielerlei Hinsicht fundamental unterscheidet. War während der Zeit der weltweiten bipolaren Blockkonfrontation Europa der geplante Hauptkriegsschauplatz für jene heiße Phase der ideologisch-totalen Auseinandersetzung im Sinne des Alles-oder-Nichts gewesen, geht es nun um das Zusammenwachsen des Kontinentes im Rahmen eines in seiner bisherigen Geschichte einzigartigen Friedensprojektes. Europa befindet sich daher in einem Prozess, der noch keineswegs als abgeschlossen zu konstatieren ist und es wird sehr auf die Geschicklichkeit der durchwegs demokratisch legitimierten politischen Verantwortungsträger ankommen, dieses Projekt nicht scheitern zu lassen, sondern in jene Bahnen zu lenken, die dem Unionsbürger ein gelungenes Leben in Sicherheit und Freiheit ermöglichen. Drei maßgebliche Aspekte kennzeichnen die damit verbundene sicherheitspolitische Entwicklung:

Erstens ist durch das Ende des Kalten Krieges der Krieg an sich nicht aus der Welt verschwunden – vielmehr ist das Gegenteil der Fall: So zeigt er sich heute in allen seinen unterschiedlichen Schattierungen als Auseinandersetzung und Kräfteringen im Sinne bewaffneter politischer Konflikte, die in unterschiedlicher Intensität in allen Teilen der Welt auflodern und auch das an sich in einer friedlichen Entwicklung befindliche Europa betroffen machen bzw. ihre Auswirkungen für uns in unterschiedlicher Form spürbar werden lassen. Zunächst sieht sich die westliche freie Wertegemeinschaft, der Europa angehört, von den Terroranschlägen islamistischer Fundamentalisten direkt angegriffen, die den so genannten Westen zum Feind erklärt haben und dessen Vernichtung anstreben. Europa ist also unmittelbar aufgerufen, sich zur Wehr zu setzen. Des Weiteren finden im Umland Europas zahlreiche Kriege statt, die Auswirkungen auf die Sicherheit der westlichen Wertegemeinschaft im Allgemeinen und Europas im Besonderen zeitigen. Eine dieser Auswirkungen ist beispielsweise die Migrationsproblematik, die nur dann in vernünftige Bahnen gelenkt werden kann, wenn in den derzeitigen Konfliktregionen wieder friedliche Verhältnisse herrschen und die Lage soweit stabilisiert ist, dass die Menschen dort ein gedeihliches Leben zu führen vermögen. Auch hier hat Europa im Rahmen von Friedensoperationen zu handeln und entsprechende militärische und nicht militärische Maßnahmen zur Unterstützung zu leisten. Da Europa hinsichtlich seiner für die Erhaltung des bisherigen Lebensstandards notwendigen natürlichen Ressourcen einen großen Bedarf aufweist, den es aus dem eigenen Territorium heraus nicht zu decken vermag, ist es bereits jetzt schon notwendig, die internationalen Handelswege und Abbaugebiete zu sichern, wie wir dies beispielsweise bei der Bekämpfung der Piraterie in den Gewässern vor der somalischen Küste ersehen können. Fazit: Der Krieg ist also als lebende Kraft nach wie vor vorhanden und es wird seitens der Europäer massiver militärischer und nichtmilitärischer Anstrengungen bedürfen, um den Schutz Europas zu gewährleisten. Insbesondere die Vielgestalt von Konflikten macht es für die Streitkräfte in Europa notwendig, sich mit diesem Phänomen eingehender auseinanderzusetzen, als dies in der relativ klar bestimmten konventionellen Auseinandersetzung zwischen den Blöcken der Fall war. Eine wissenschaftliche Beschäftigung mit bewaffneten Konflikten in allen Schattierungen ist für die Streitkräfte daher zwingendes Gebot, um überhaupt auf Gefährdungen reagieren zu können.

Der zweite Aspekt, der die europäische sicherheitspolitische Entwicklung maßgeblich beeinflusst, ist das Zusammenwachsen Europas selbst. Nun waren auch während der Zeit des Kalten Krieges die Streitkräfte bereits in Bündnissen organisiert und man möchte meinen, diese Verschränkung von Fähigkeiten könne keine allzu große Herausforderung darstellen. Bedauerlicherweise verhält es sich jedoch nicht so: In jener Zeit hatte jedes Land nationale Streitkräfte ausgebildet, nach den jeweils der Tradition und Kultur des Landes geltenden Regeln und Normen. Lediglich auf den höchsten militärischen Entscheidungsebenen, also in den oberen Führungsstäben, war ein nationalstaatsübergreifendes Zusammenwirken vorgesehen. Eine tiefere Vermischung machte wenig Sinn, da eben alles auf den „worst case", die Verteidigung des jeweils eigenen Territoriums ausgerichtet war. Nach dem Ende des Kalten Krieges jedoch war diese Form des Militäreinsatzes angesichts der Friedensentwicklung in Europa in den Hintergrund getreten, was auch eine massive Abrüstung jener Vielzahl an konventionellen Streitkräften mit sich brachte. Die Gemeinsame Europäische Sicherheits- und Verteidigungspolitik betrachtet eine integrierte Verteidigung Europas als Fernziel, wodurch es für die nationalen Streitkräfte in Europa notwendig wird zusammenzurücken und verstärkt miteinander zu kooperieren. Dies könnte in der Zukunft sogar zu einem totalen Verschmelzen in europäischen Streitkräften münden und so gesehen bedarf es notwendigerweise des intensiven Austausches von Expertise und Fertigkeiten untereinander, nicht zuletzt, um deren Harmonisierung bzw. Standardisierung herbeizuführen. Hinzu kommen noch die bereits angesprochenen Einsätze von Soldaten aus europäischen Staaten bei Friedensmissionen im Umland und in Übersee. Kein europäisches Land ist in der Lage, solche Einsätze alleine zu bewerkstelligen, sondern es bedarf der Zusammenarbeit und Solidarität zwischen den Streitkräften der einzelnen Mitgliedsstaaten der Europäischen Union. Es kann daher nicht mehr angehen, dass die Streitkräfte nach wie vor ihre nationalen Gepflogenheiten weiterführen, ohne auf die europäische Entwicklung Rücksicht zu nehmen. Vielmehr ist eine gemeinsame militärwissenschaftliche Forschung und Entwicklung anzustreben, die die Grundlage bzw. Unterstützung für den Zweck generiert, um zielgerichtet, effizient und auch effektiv europäische Streitkräfte für gemeinsame Friedensoperationen formieren bzw. für eine gemeinsame europäische Verteidigung aufstellen zu können.

Der dritte Aspekt, der die sicherheitspolitische Entwicklung maßgeblich beeinflusst, ist der Umstand, dass alle Anstrengungen zur Erhaltung eines friedlichen und prosperierenden Europas nicht mehr in einen rein zivilen und einen ausschließlich militärischen Sektor teilbar sind. Hatte während der Zeit des Kalten Krieges eine eindeutige Ausrichtung für das Militär gegolten, nämlich die Vorbereitung zur Verteidigung gegen den alles vernichtenden ultimativen Waffengang, und für die zivile Entwicklung der Auftrag zur Ermöglichung eines weitgehend sorgenfreien Lebens für die Zeit vor dieser totalen Katastrophe, so hat sich auch diese Konfiguration fundamental gewandelt. Heute erwartet das Militär ein umfangreiches Aufgabenspektrum innerhalb des eigenen Territoriums und außerhalb, das jedoch so eng mit der zivilen Entwicklung verbunden ist, dass einer zivil-militärischen Zusammenarbeit auf allen Gebieten eine immer größer werdende Bedeutung zukommt. Dies zeigt sich beispielsweise bei terroristischen Bedrohungen im Inland, wo das staatliche Krisenmanagement Militär, Polizeikräfte, Gesundheitswesen, Wirtschaft und Sozialwesen eng verschränkt zu koordinieren hat und gezielte Abwehrstrategien entwickeln muss, um die Sicherheit der Bevölkerung gewährleisten zu können. Im auswärtigen Bereich zeigt sich dies beispielsweise an den Friedenseinsätzen, die neben der militärischen Komponente eine Vielzahl ziviler Einflussgrößen, wie NGOs und internationale Hilfsorganisationen aufweisen, welche es zu koordinieren gilt. Dabei ist es von besonderer Bedeutung, dass beide Seiten voneinander wissen und sich einer, die jeweiligen Eigenheiten berücksichtigende Zusammenarbeit, zu stellen vermögen. Es erscheint daher notwendig, militärisches Wissen und Vorgehensweisen auch der Öffentlichkeit zu präsentieren und damit die Möglichkeit der Beschäftigung mit dem Instrument Militär für die Zivilwelt zu eröffnen.

Zusammengefasst bedeutet dies, dass die Berücksichtigung aller drei Einflussgrößen auf das sicherheitspolitische Handeln eine Beschäftigung mit dem Militärwesen in Europa unbedingt erforderlich macht, und zwar unter Beachtung folgender Grundsätze: Die intensive Beschäftigung mit dem Phänomen des Krieges in seiner Vielgestalt muss die Grundlage für den effizienten Einsatz der Streitkräfte bilden und Europa eine Verteidigung in allen ihren notwendigen Formen ermöglichen. Die daraus gewonnenen Erkenntnisse und Anwendungsweisen für die Streitkräfte müssen hinsichtlich ihrer Ausbildungsgrundlagen und Einsatzformen supranational vermittelt werden können. Die zunehmende Unabdingbarkeit einer intensiven zivil-militärischen Zusammenarbeit erfordert zudem die nationale und transnationale Vermittlung militärischer und nichtmilitärischer Optionen für die Verteidigung und Friedenssicherung in und um Europa.

Wie eingangs erwähnt, kommt diese Aufgabe den politisch Verantwortlichen zu. Die politische Führung des Gemeinwesens hat demzufolge den größten Bedarf an Expertenwissen über jenes Instrument, das es sich als bewaffnete Macht zur Verfügung hält, für die Fälle der Existenzgefährdung des Staates oder andere politische Zielsetzungen, die nur mit Waffeneinsatz erreicht werden können. Es ist also das Wissen um den Krieg oder den Konflikt, die Planung des Einsatzes oder überhaupt die Existenzsicherung des Gemeinwesens sowie das Wissen um die Führung des Instrumentes Militär selbst, die für das politische Handeln von Bedeutung sind.

Alle diese bedeutsamen Aspekte haben jedoch auf gesichertem Wissen zu beruhen und sind daher einerseits grundlegend und andererseits für die jeweiligen politischen Zielsetzungen zu erforschen. Im Hinblick auf den europäischen Sonderweg im Rahmen des Zusammenwachsens der Völker und Staaten hat auch hier ein hohes Maß an überprüfbarem Grundwissen dargelegt zu werden, um den Einigungsprozess in sicherheitspolitischer Hinsicht zu stärken. Die wissenschaftliche Beschäftigung mit sicherheitspolitisch-militärischen Problemstellungen und Prinzipien darf sich also nicht auf die eigenen Notwendigkeiten und Bedürfnisse im Rahmen des Staates beschränken, sondern muss auf einer Metaebene stattfinden, die es ermöglicht, universell anwendbare Kenntnisse zu generieren, die in den jeweiligen Staaten dann ihre spezifische Anwendung erfahren können. Es gilt also in weiterer Folge, die Militärwissenschaften als Metaebene vom unmittelbaren politisch-militärischen Agieren zu trennen und darzulegen, dass durch die Etablierung dieses Wissenschaftsfeldes eine neue Qualität von Lösungen für den gesamtstaatlichen Themenkomplex der Existenzsicherung und die damit verbunde-ne Konfiguration der Sicherheitspolitik entsteht. Dies gilt grundsätzlich universell, ins-besondere aber zeitigt dies positive Auswirkungen auf die Gestaltung der Europäischen Sicherheits- und Verteidigungspolitik und damit den Frieden und den Erhalt des demo-kratischen Herrschaftssystems in und um Europa.

Als Grundlage für die vorliegende Untersuchung soll daher folgende Hypothese vo-rangestellt werden: Da die Militärwissenschaften bislang in der Regel auf nationalstaat-licher Ebene betrieben wurden und zudem noch vielfach, wie dies in Österreich derzeit der Fall ist, ausschließlich von den Streitkräften selbst als einzigem Bedarfsträger ent-wickelt wurden, ergibt sich aufgrund der eben dargestellten neuen Rahmenbedingungen die Notwendigkeit, ihr Wesen und ihr System darzulegen und als eigenständige Wissen-schaftsdisziplin in den Fächerkanon der zivilen Wissenschaftswelt einzufügen. Dies aufzuzeigen, dazu ist die vorliegende Arbeit angetan.

4 Wissenschaft und Militär

Wo wir eine Eiche in der Kraft ihres Stammes und in der Ausbreitung ihrer Äste und den Massen ihrer Belaubung zu sehen wünschen, sind wir nicht zufrieden, wenn uns an Stelle dieser eine Eichel gezeigt wird. So ist die Wissenschaft, die Krone einer Welt des Geistes, nicht in ihrem Anfange vollendet.

G. W. F. Hegel[1]

Streitkräfte sind einerseits vorgesehen zum Schutz des Gemeinwesens, in diesem Sinne ein Verteidigungsmittel, andererseits können sie auch zur Durchsetzung von Interessen außerhalb der Grenzen des Gemeinwesens herangezogen werden, wie wir dies zum Beispiel auch bei den Friedenseinsätzen europäischer Streitkräfte/Militär im afrikanischen und asiatischen Umland, aber auch in Europa selbst, heute sehen können. Wenn wir dem Gemeinwesen – oder weiter gedacht dem Staat –, ermöglicht durch die Etablierung von Institutionen, ein Handeln im Sinne der effizienten Führung dieses Zusammenschlusses zubilligen wollen und dieses Handeln als „Politik" bezeichnen, so ergeben sich daraus die Streitkräfte als Instrument ebendieser Politik. Gleichzeitig bilden sie innerhalb des Gemeinwesens die bewaffnete Macht. Für Gemeinwesen unter der Herrschaftsform der Demokratie ergibt sich allerdings noch ein weiterer Aspekt, nämlich jener, dass der Bürger es ist, dem die Anordnung staatlichen Handelns, also der Politik, zukommt. Er ist daher für die Politik des Staates unmittelbar verantwortlich und damit auch für seine Verteidigung, die im äußersten Falle bewaffnet zu geschehen hat. Das Militär ist also im Rahmen des demokratischen Herrschaftssystems nicht ein dem Bürger fernes bewaffnetes System, sondern wesentlich unmittelbares Instrument, worin sich der Bürger selbst wiederfindet.

Aus dem bisher Gesagten erfließt eine wesentliche Erkenntnis: Zusammengefügt in einem bestimmten System hinsichtlich der Aufbauorganisation und wirksam nach bestimmten Regeln und Mechanismen hinsichtlich seiner Ablauforganisation funktioniert das Instrument „Militär" zum Zwecke der Existenzerhaltung des Staates. Die Streitkräfte eines Gemeinwesens sollen demnach den jeweiligen Herausforderungen und Bedrohungen optimal angepasst und einem möglichen Aggressor gegenüber abhaltend bzw. überlegen gestaltet sein. Dabei sind nicht primär Anzahl und Ausrüstung der Kämpfer entscheidend, sondern die Zweck-Mittel-Abstimmung, was heißen soll, dass Aufbau und Ausrichtung der Streitkräfte einer permanenten Anpassung an die Gegebenheiten bzw. an die beurteilten Gefahren bedürfen. Es sind daher grundsätzliche Überlegungen über den Einsatz und die Verwendung dieses Instrumentes anzustellen, aus den vergangenen Kriegen Erkenntnisse abzuleiten, die gesellschaftliche und technische Entwicklung zur Kenntnis zu nehmen und darauf aufbauend, vorausschauend Strategien zur Abwehr von möglichen Bedrohungen zu planen. Kurz gesagt: Es ist also im Hinblick

---

[1] Hegel, G.W.F.: Werke Bd. 3, Phänomenologie des Geistes, Frankfurt am Main 1993, S. 19.

auf das Militär an sich, seine Bedürfnisse und Notwendigkeiten und die Gewährleistung seiner Zweckerfüllung, Forschung und Entwicklung zu betreiben. Zur Herstellung objektiver Prüfkriterien und der Anlage gesicherter Erkenntnisse hat diese Forschung auf wissenschaftlichem Niveau zu erfolgen. Vor allem gilt es dabei, in prognostischer Hinsicht die zahlreichen Unwägbarkeiten zu dezimieren, die im Laufe einer kriegerischen Auseinandersetzung zu Tage treten können. Diese beschreibt bereits Thukydides bei der Darstellung des Peloponnesischen Krieges:

> *„Bedenket beizeiten, ehe ihr in den Krieg verwickelt seid, wie unberechenbar der Verlauf des Krieges ist! Je länger er dauert, umso mehr pflegen unerwartete Wechselfälle einzutreten, denen beide Parteien in gleicher Weise ausgesetzt und deren Folgen in Dunkel gehüllt sind.“* [2]

Die konsequente Beschäftigung mit dem Phänomen des Krieges, die Anlage von Handlungsoptionen zur Existenzsicherung und die zielgerichtete Forschung für die Streitkräfte haben bereits eine jahrtausendealte Tradition. – Lange bevor die Wissenschaft im menschlichen Dasein Einzug gehalten hat, wurden die Erkenntnisse über die Kriegskunst und die militärische Führung systematisch gewonnen und weiterentwickelt. Da das Überleben des Gemeinwesens von der Effizienz dieser Erkenntnisse abhing, standen beim nackten Militärhandwerk immer Faktizitäten im Vordergrund und weniger die Glaubensfragen, die allenfalls für den Bereich der „Psychologischen Kampfführung" einen gewissen propagandistischen oder sozialpsychologisch-motivatorischen Stellenwert besaßen. Überspitzt wäre zu formulieren, dass das effektive Militärwesen schon seit jeher den wissenschaftlichen Zugang gewählt hat.

Diese Vorgehensweise hat sich bis heute erhalten und wird daher in und um die Streitkräfte praktiziert. Militärwissenschaft ist also kein Novum, sondern hat Bestand und Tradition und einen bestimmten Wirkungsbereich. Sehr deutlich treten diese Faktoren im Rahmen der Beschreibung der mittlerweile der Vergangenheit angehörenden sowjetischen Militärwissenschaft zu Tage:

> *„Danach ist die Militärwissenschaft ein einheitliches System unserer Kenntnisse über die Vorbereitung und Führung des bewaffneten Kampfes zur Verteidigung des Sowjetstaates vor einer imperialistischen Aggression. Gestützt auf die objektiven Gesetze des bewaffneten Kampfes, erforscht die sowjetische Militärwissenschaft Probleme der wirtschaftlichen sowie politisch-moralischen Möglichkeiten des eigenen Landes wie auch des Gegners. Sie studiert die Probleme der Ausrüstung und Technik, erarbeitet die Methoden und Formen des bewaffneten Kampfes, die Grundlagen des Aufbaus, der Ausbildung und Erziehung der Streitkräfte und befasst sich auch mit den Fragen der allseitigen Sicherstellung der Streitkräfte im Krieg. Deshalb umfasst die sowjetische Militärwissenschaft nicht nur die Theorie der Kriegskunst, das heißt die Fragen der Strategie, operativen Kunst und Taktik, sondern auch die Fragen der ökonomischen und politisch-*

---

[2] Thukydides: Der Peloponnesische Krieg, Essen 1993, S. 59 f.

Von der Notwendigkeit der Militärwissenschaften

moralischen Möglichkeiten des Landes sowie deren Einfluss auf Vorbereitung, Verlauf und Ergebnisse des bewaffneten Kampfes. Außerdem umfasst sie noch eine Reihe anderer Disziplinen. "[3]

Ähnliche Vorstellungen von Militärwissenschaften finden sich auch in amerikanischen und deutschen Quellen, wobei vor allem im englischen Sprachraum die Trennung zwischen wissenschaftlicher Forschung und handwerklicher Anwendung weniger scharf erfolgt, als dies im ehemaligen Ostblock der Fall gewesen ist. So verwenden amerikanische Quellen gerne „military art" oder „military science" synonym, wobei unter „art" die zur Kunst gesteigerte Form des Handwerks zu verstehen ist:

„In studying the military past, students will encounter some courses of instruction and some references that claim to be about military science, while other courses and references seemingly covering similar material, will claim to be works on military art. [...] It is of far greater importance, however, to recognize that, whether art or science, military topics demand intense and rigorous study by all members of the profession."[4]

Es könnte jedoch, wenn militärwissenschaftliche Betätigung ausschließlich in den Streitkräften stattfindet, bei Außenstehenden sehr leicht der falsche Eindruck entstehen, dass militärwissenschaftliche Forschung ausschließlich durch das Militär selbst zu betreiben ist und kein sonstiger Bedarf oder keine andere Notwendigkeit vorhanden ist. Allerdings, so sagten wir bereits, ist das Militär Instrument des Staates und somit seiner Bürger, denen die Verteidigung zukommt. Militär ist daher Allgemeingut und es ist demzufolge von essentieller Bedeutung für den Staat, dass der Allgemeinheit die Möglichkeit eingeräumt wird, sich mit der Materie des Militärs zu beschäftigen. – Dies gilt auch für den Bereich der wissenschaftlichen Erforschung von Krieg, Militär und Strategie. Folgerichtig wurde daher an der Führungsakademie der Deutschen Bundeswehr eine Definition für Militärwissenschaften gewählt, die diese Notwendigkeit zum Ausdruck bringt:

„Militärwissenschaften sind das Bemühen um Erkenntnisse über alles, was sich auf Personen und Sachen in Streitkräften bezieht, sowie deren geordnete Gesamtheit. Der Begriff schließt daraus abgeleitete Lehrsätze und ihre Anwen-

---

[3] Smirnow, M.W. u. a.: Über sowjetische Militärwissenschaft, Berlin (Ost) 1961, S. 66 f.
[4] Übersetzung (Stupka): Während des Studiums der Militärgeschichte werden die Studenten gelehrt bekommen oder Referenzen erhalten, dass es sich dabei um Militärwissenschaft handle, während andere Lehren, die scheinbar ähnliche Themen abdecken, beanspruchen, über Arbeiten der Militärischen Kunst zu sprechen. Wie dem auch sei, es ist weit mehr von Bedeutung zu erkennen, unbenommen ob Kunst oder Wissenschaft, dass die Bearbeitung militärischer Themen eines intensiven und lückenlosen Studiums für alle Angehörigen dieser Profession bedarf (Alger, John I.: Definitions and Doctrine of the Military Art, West Point/New York 1985, S. 13).

dung nach bestimmten Methoden ein. Institutionell können Militärwissenschaften aus militärischen und nichtmilitärischen Einrichtungen betrieben werden."[5]

Aus dem bisher Gesagten lässt sich folgern, dass das Objekt der Militärwissenschaften nicht nur das System Militär an sich sein kann, sondern auch der übergeordnete Zweck in die militärwissenschaftliche Forschung mit einbezogen werden muss – erstens im Sinne der Verwendung des Militärs als Instrument für den Krieg, zweitens als bewaffnete Macht zum Schutz des Gemeinwesens vor allen Gefahren und drittens als eine Institution zur Sicherung des Überlebens des Gemeinwesens. Die Militärwissenschaft hat sich daher mit allen Aspekten militärischen Handelns zu befassen und soll dieses staatliche Instrument – und im Zuge dessen jeden Soldaten respektive Bürger – dazu befähigen, der Existenzerhaltung seines Gemeinwesens dienlich zu sein.

---

[5] Herz, Hans: „Militärwissenschaften" Inhalte in Ost und West. In: Allgemeine Schweizer Militärzeitschrift/ASMZ 12/1989, S. 803.

Von der Notwendigkeit der Militärwissenschaften

5 Grundlagen des Militärwesens

Ein Gemeinwesen steht also so weit unter eigenem Recht, wie es für sich selbst sorgen und sich vor Unterdrückung durch ein anderes Gemeinwesen schützen kann.

Spinoza[6]

Die Existenz des Militärs an sich und die Herausbildung des Militärwesens liegen im Staat begründet. Es soll daher zunächst die Notwendigkeit des Instrumentes Militär für den Staat herausgearbeitet werden, um damit deren absolute Verknüpfung darzulegen. Der nun folgende Abschnitt behandelt demzufolge das Gemeinwesen als jene Entität innerhalb derer sich die Streitkräfte herausbilden. Als höchste Form des Gemeinwesens generiert sich der Staat, also jenes Gebilde, das auf der Basis der Herrschaft des Rechts aufgebaut ist. Nur ihm wird Militär im funktionalen und institutionellen Sinn zugestanden, wiewohl es auch in anderen Gemeinwesen Streitkräfte geben kann, die nach militärischen Grundsätzen agieren und operieren. Um den „Staat" von anderen Zusammenschlüssen unterscheidbar zu machen, erfordert es eine klare Auffaltung bzw. Darlegung des Begriffes mit dem in Hinkunft operiert werden soll, wiewohl es überhaupt notwendig sein wird, alle verwendeten Begrifflichkeiten exakt abzugrenzen und dadurch möglichen Missverständnissen entgegen zu wirken. Ganz im Sinne von Carl von Clausewitz bedarf es daher zunächst konkreter Festlegungen über die Bedeutung der verwendeten Begriffe:

> *„Das erste Geschäft einer jeden Theorie ist das Aufräumen der durcheinander geworfenen und, man kann wohl sagen, sehr ineinander verfilzten Begriffe und Vorstellungen; und erst, wenn man sich über Namen und Begriffe verständigt hat, darf man hoffen, in der Betrachtung der Dinge mit Klarheit und Leichtigkeit fortzuschreiten, darf man gewiss sein, sich mit dem Leser immer auf demselben Standpunkt zu befinden."*[7]

Im darauf folgenden Abschnitt wird der Krieg einer phänomenologischen Betrachtung unterzogen. Der Krieg oder allgemeiner gesprochen der bewaffnete politische Konflikt bilden die Grundlage für den Einsatz bewaffneter Kräfte seitens des Staates. Es ist daher wesentlich, den Krieg, seine Entstehung, sein Wirken, und sein Gegenüber, den Frieden, als notwendige Aspekte der Sicherung des Gemeinwesens zu erforschen. Die aus dem Krieg und der Beschäftigung mit diesem Phänomen hervorgehende Wissenschaft der Polemologie soll daher als eine wesentliche Säule der Militärwissenschaften dargelegt werden.

Der nächste Abschnitt beleuchtet das politische Handeln zur Überlebenssicherung des Gemeinwesens. Dieserart politisches Handeln bezeichnen wir als Strategie, die wir

---

[6] Spinoza, Baruch de: Politischer Traktat, Hamburg 1994, S. 47.
[7] Clausewitz, Carl v.: Vom Kriege, Bonn 1991, S. 277.

damit herauslösen aus der heute üblich gewordenen inflationären Verwendung der Begrifflichkeit für alles Planbare, um damit die ursprüngliche Bedeutung für die Verteidigung des Gemeinwesens wieder hervorzuheben. Dabei kommt es bei der Existenzsicherung auf die Zusammenarbeit aller Teilbereiche des Staates an, die Teilstrategien zu entwickeln haben. Eine besondere Stellung nimmt hier die Militärstrategie ein, die einerseits jene Maßnahmen beinhalten muss, die den umfassenden Schutz für das Gemeinwesen gewährleisten und andererseits die Ausrichtung des Instrumentes Militär auf die anstehenden Bedrohungen garantieren. Gerade in diesem Bereich der Ausrichtung ist seit dem Verschwinden des Eisernen Vorhanges in Europa eine Diskussion hinsichtlich der künftigen Wehrform entbrannt. Die Gewährleistung der Sicherheit des Landes durch die allgemeine Wehrpflicht steht jener durch ein Berufsheer gegenüber. Auf diese aktuellen strategischen Fragestellungen soll im Rahmen dieses Kapitels besonders eingegangen werden und damit die so genannte „Wehrstrategie" einer grundlegenden Analyse unterzogen werden. Letztlich wird die Strategiewissenschaft respektive Strategik als wesentlicher Bestandteil der Militärwissenschaften dargestellt.

5.1 Der Staat

Wenn Menschen sich in Gemeinwesen zusammenschließen, und der Drang zu solchem Handeln gilt für die menschliche Spezies als unbestritten, geschieht dieser Zusammenschluss nicht nur wegen der grundsätzlich instinkthaften Eingebung des Miteinanders an sich, denn sonst würden sich Menschen ohne irgendwelche Vorgaben immer automatisch zusammendrängen. Dies tun sie jedoch nicht, sondern sie suchen sich die jeweiligen Individuen aus, mit denen sie zusammenleben wollen. Charles Darwin formulierte dies so:

> „Der Mensch ist ein soziales Tier. [...] Darin, dass die benachbarte Bezirke bewohnenden Stämme fast immer miteinander im Krieg sind, liegt kein Grund dagegen, dass der Mensch ein soziales Tier ist; denn soziale Instinkte erstrecken sich niemals auf alle Individuen einer und derselben Art. [...] Obschon der Mensch, wie er jetzt existiert, wenig spezielle Instinkte hat und wohl alle, welche seine früheren Urerzeuger besessen haben mögen, verloren hat, so ist dies doch kein Grund, warum er nicht von einer äußerst entfernten Zeit her einen gewissen Grad instinktiver Liebe und Sympathie für seine Genossen behalten haben sollte. [...] Da der Mensch ein soziales Tier ist, so wird er auch wahrscheinlich eine Neigung, seinen Kameraden treu und dem Anführer seines Stammes gehorsam zu bleiben, vererben; denn diese Eigenschaft ist den meisten sozialen Tieren gemein."[8]

Daher wird hinter dieser Vorgangsweise eine gewisse Zweckrationalität sichtbar, die Menschen im Hinblick auf die Vorteilhaftigkeit der möglicherweise zu erzielenden

---

[8] Darwin, Charles: Gesammelte Werke, Die Abstammung des Menschen, Frankfurt am Main 2009, S. 782.

Synergieeffekte des gemeinsamen Handelns und des damit verbundenen gegenseitigen Helfens als Schutzfunktion zusammenkommen lässt. Diese Vorgangsweise impliziert – den Blick auf das unmittelbare Umfeld oder die Natur im Allgemeinen gelenkt – bereits eine gewisse Gefährlichkeit des Alltagsdaseins, die Menschen zu diesem Vorgehen drängt bzw. nötigt. Ob die Gefahr nun von der Natur in der Gestalt eines Raubtieres oder sonstiger Herausforderungen aus diesem Umfeld ausgeht oder von anderen Menschen, die aus irgendwelchen Gründen dem jeweiligen Gegenüber nach dem Leben trachten, sei zunächst dahingestellt. Es soll lediglich zur Kenntnis genommen werden, dass es für den einzelnen Menschen auf der Welt gefährlich ist.

Wenn also Menschen sich in Gemeinwesen zusammenschließen, dann hat dies die Verbesserung der Überlebenschancen zur Grundlage. Da sich jedes Gemeinwesen in unterschiedlicher Form ausprägt und dadurch seinen ganz persönlichen Charakter bekommt, den andere dann als typisches Merkmal bezeichnen, ist jedes einzelne von ihnen auch gewillt, diesen eigenständigen Charakter zu erhalten, bildet er doch im Idealfall die vermeintlich beste Form des Zusammenlebens ab – jeweils bezogen auf die ganz besonderen Umstände, die in einem zeitlich und örtlich begrenzten Raum vorherrschen. Demzufolge korreliert das Gemeinwesen immer mit der es umgebenden Natur und ist daher einzigartig, wobei es hinsichtlich verschiedener Grundhaltungen mit anderen Gemeinwesen irgendwo auf der Welt in Gleichklang stehen kann (z. B. Demokratie als grundlegende Herrschaftsform gewählt), deckungsgleich jedoch wird es logischerweise nie werden, da Natur und Menschen immer unterschiedlich sind.

Das Gemeinwesen ist daher jenes ursprüngliche, dem Menschen immanente Zusammengehen in einer sozialen Gemeinschaft zur Bewältigung seines Menschseins. Das Zusammenleben im Gemeinwesen ist durch eine bestimmte Ordnung geregelt, die grundsätzlich entweder vom Familienoberhaupt oder sonst einem Anführer oder einem Anführerkollegium ausgeht, die aus den unterschiedlichen Gründen zur Herrschaft berufen sind. Allerdings ist diese Ordnung noch diffus, es regiert nach wie vor die Willkür, auch wenn sie teilweise durch sittlich-traditionelle Richtlinien eingehegt ist. Daraus erfließt die Notwendigkeit zur Weiterentwicklung eines gedeihlichen Zusammenlebens in Form eines freiwilligen Zusammenschlusses der Menschen in einem Gemeinwesen unter der Prämisse des Rechts. Alle Angehörigen des Gemeinwesens übertragen ihr individuelles Recht an das Gemeinwesen. Dies ist jener Entwicklungsprozess, worin die Ausformung des Rechts zunehmend gediegener wird und der so dem Bürger Rechtssicherheit und Gleichheit vor dem Gesetz angedeihen lässt – im Idealfall entsteht daraus ein gleiches Recht für alle, wie es heute (nach einem jahrhundertelangen Entwicklungsprozess) in den westlichen Demokratien in hohem Ausmaß anzutreffen ist. Jedenfalls aber eines Rechts, das gleichzeitig soviel Macht hat, sich gegenüber allen Gliedern des Gemeinwesens durchsetzen zu können, womit der Krieg aller gegen alle, wie Thomas Hobbes diesen rechtlosen Naturzustand beschreibt, sein Ende findet und jene Form des Gemeinwesens sich etablieren kann, die in weiterer Folge als Staat bezeichnet werden wird. Aus den einzelnen Individuen wird also eines:

„Staat ist eine Person, deren Handlungen eine große Menge Menschenkraft der gegenseitigen Verträge eines jeden mit einem jeden als ihre eigenen ansehen, auf

dass diese nach ihrem Gutdünken die Macht aller zum Frieden und zur gemein-schaftlichen Verteidigung anwende."[9]

Aus dieser Formulierung wird ersichtlich, dass dem Staat an vorderster Stelle die Auf-gabe der Friedensschaffung im Gemeinwesen zukommt, die nur dann erfüllt ist, wenn alle seine Angehörigen zufrieden sind. Der Willkür des Naturzustandes, dem Recht des Stärkeren also, sind damit durch das allgemein gültige Recht Grenzen gesetzt. Das We-sen des Staates, folgen wir dem Gedankengang Hegels, ist demnach:

"dass das Allgemeine verbunden sei mit der vollen Freiheit der Besonderheit und dem Wohlergehen der Individuen, dass also das Interesse der Familie und der bürgerlichen Gesellschaft sich zum Staate zusammen nehmen muss [...]."[10]

Der Zweck eines solchen Staates ist das Wohl seiner Bürger. Der Staat ist daher als eine große Rechtsgemeinschaft zu betrachten, die sich – als quasi homogen gestaltete Ge-meinschaft, die alle Glieder der bürgerlichen Gesellschaft umfasst – zum Ziel gesetzt hat, diesen Zweck, den Bürger glücklich zu machen, wie Hegel dies formuliert[11], zu erreichen.

Daraus leitet sich die Zufriedenheit des Bürgers insofern ab, als er dadurch im Rah-men eines geordneten und gerechten Zusammenlebens sich frei entfalten kann, be-schränkt lediglich durch die oberste Verpflichtung: sich für den Staat aufzuopfern. Das Leben des Individuums wird damit hinter das Gemeinwohl gestellt – einer narzisstisch-utilitaristischen Weltanschauung, wie sie heute immer mehr um sich zu greifen scheint, wird damit eine klare Absage erteilt. Der Staat ist – zum Wohle aller seiner Bürger – das vorrangige Maß und nicht das Individuum. Nur innerhalb des Staates erreicht der Mensch seine volle Freiheit, die so nur als beschränkte Freiheit, als Zurückbindung der Willkür, existieren kann. Der Mensch kann sich also im Rahmen des Staates selbst verwirklichen und darauf vertrauen, dass er sich sein Leben im Handlungsspielraum der Gesetze frei gestalten kann. Der Staatszweck wird erreicht, wenn die durch den Staat geschaffene Ordnung dem Bürger Sicherheit zu geben vermag. Dazu Immanuel Kant:

"Dass ein Volk sagt: »Es soll unter uns kein Krieg sein; denn wir wollen uns in einem Staat formieren, d.i. uns selbst eine oberste gesetzgebende, regierende und richterliche Gewalt setzen, die unsere Streitigkeiten friedlich ausgleicht« – das lässt sich verstehen." [Erläuterung: der innere Frieden wird gesichert durch die Bildung des Gemeinwesens Staat, da nur dieser auf der Basis des allgemein gel-tenden Rechts gebildet wird.] *"Wenn aber dieser Staat sagt:»Es soll kein Krieg zwischen mir und anderen Staaten sein, ob gleich ich keine oberste gesetzgeben-de Gewalt erkenne, die mir mein und der ich ihr Recht sichere«, so ist es gar nicht zu verstehen, worauf ich dann das Vertrauen zu meinem Rechte gründen*

---

[9] Vgl. Hobbes, Thomas: Leviathan, Stuttgart 1998, S. 155 f.

[10] Hegel, G.W.F.: Werke Bd. 7, Grundlinien der Philosophie des Rechts, Frankfurt am Main 1995, § 260, Zusatz.

[11] Vgl. ebenda, § 265, Zusatz.

wolle, [...]" [Erläuterung: Außerhalb des Gemeinwesens Staat, also außerhalb der Sphäre der rechtlichen Ordnung herrscht der Naturzustand, somit die Willkür, weiter.][12]

Kant spricht hier von der permanent gefährdeten umfassenden Sicherheit, die der Staat zu gewärtigen hat. Es können ihm nämlich aus seiner Außenbeziehung Gegnerschaften erwachsen, die er nicht durch Recht und Gesetz zu befrieden vermag. Nun ist das Völkerrecht und alle mit ihm verbundenen Verträge jener Versuch zur Etablierung einer über den Staat stehenden Rechtsordnung, die jedoch mangels verbindlicher Sanktionierungsmöglichkeiten (man denke beispielsweise nur an das Vetorecht der ständigen UN-Sicherheitsratsmitglieder) lückenhaft ist. Der Staat hat also Instrumente und Methoden zu entwickeln, wie er mit diesem Problem umgeht.

Eines dieser Instrumente ist das Militär, dem zwei Aufgaben zukommen: Zunächst ist das jene der Abschreckung, um bereits präventiv einer möglichen Attacke zu begegnen. Die zweite Aufgabe ist dann der effektive Fall des Kriegseinsatzes, um einen Gegner niederzuringen, oder eben jene Formen der bewaffneten Einsätze, die von der Politik für die Sicherheit des Staates als notwendig erachtet werden, wie dies mit den heutigen Friedensoperationen der Fall ist. Ohne dieses Machtmittel Militär ist es um den Staat schlecht bestellt – er hat nichts zur Verfügung, womit er sich zur Wehr setzen könnte. Der Staat ist dann also wehrlos. Wehrlose haben Hilfe zu erbitten für den Fall, dass ihnen Gefahr droht. Das bedeutet, sie stellen sich unter den Schutz eines anderen – der Staat gibt mit diesem Akt seine volle Souveränität auf und wird zu einem Protektorat. Er ist damit auf den guten Willen des anderen angewiesen – in der Regel ist das dann eine Frage des Preises oder der hinter dem Schutz stehenden Interessen. Kommt jedoch die erbetene Unterstützung im Fall der Gefahr nicht, dann ist der Wehrlose zudem hilflos, eine für den Weiterbestand des Staates meist fatale Entwicklung, da er dem Bürger keine Zufriedenheit mehr zu gewähren vermag.

Erst durch die Garantie der umfassenden Sicherheit also ist es unter dem Schirm des Staates möglich, eine bürgerliche Gesellschaft zu entfalten und ein Leben in Zufriedenheit zu führen. Jeder einzelne Staat ist daher eine Besonderheit für sich mit ganz speziellen Ausprägungen hinsichtlich seiner Rechtsordnung, der Gewährleistung seiner Sicherheiten, des damit verbundenen Aufbaus seiner Institutionen und des daraus erfließenden, überall unterschiedlichen Maßes an Zufriedenheit, das ausschließlich durch den jeweiligen Bürger als ausreichend oder als unzureichend eingestuft werden kann, sofern dieser das Maßhalten gelernt hat, was wieder eine Frage der Erziehung zum Bürger ist, wodurch verdeutlicht sein dürfte, dass Bürger zu sein etwas anderes ist, als die Existenz als bloßer Angehöriger eines Gemeinwesens. Zufriedenheit ist eine Gemütsregung, wie Hegel uns dies vor Augen führt:

„Zufriedenheit ist das Gefühl der Übereinstimmung unserer einzelnen Subjektivität mit dem Zustande unseres bestimmten, uns gegebenen oder durch uns hervorgebrachten Zustandes."[13]

---

[12] Kant, Immanuel: Zum ewigen Frieden, Stuttgart 1993, S. 19.

Wenn diese Gemütsregung allerdings von der Habgier angeleitet wird, ist sie ein Unerreichbares, denn Unmäßigkeit lässt sich nicht zufriedenstellen. Unzufriedenheit birgt jedoch immer Konfliktstoff in sich, da sie den Neid hervorruft, den Spinoza folgendermaßen definiert:

> *„Neid ist Hass, insofern er einen Menschen derart affiziert, dass er angesichts des Glücks eines anderen traurig und umgekehrt angesichts des Unglücks eines anderen froh ist."*[14]

Den Neid innerhalb des Gemeinwesens zu überwinden, ist die Aufgabe des Staates im Sinne der Sicherung des inneren Friedens.

Für den Bestand des Staates wird es also darauf ankommen, dass die Zufriedenheit der Bürger erreicht wird, indem sie glücklich sind und das Phänomen des Neides, der als anthropologische Konstante fortwährend latent vorhanden ist, auf ein geregeltes Maß unter der Herrschaft der Gesetze reduziert wird. Dies kann jedoch nur durch Bildung erreicht werden, denn nur dadurch erkennt der Bürger den Wert des Staates, des Friedens sowie die Notwendigkeit des Wehrens. Über die Erziehung seiner Bürger manifestiert sich der Staat als mehr oder weniger funktionierender. Der Bürger erkennt über die ihm vermittelten Werte und Tugenden die Notwendigkeit des gedeihlichen Miteinanders und die Notwendigkeit der Existenz des Rechts. Dazu Charles de Montesquieu:

> *„Die Gesetze der Erziehung sind die ersten, die wir erhalten, und da sie uns zu Bürgern heranbilden sollen, so muss jede Familie nach demselben Plan wie die große Familie, die sie alle umfasst, regiert werden."*[15]

Es wird damit ausgesagt, dass einerseits im Staat für alle prinzipiell die gleichen Gesetze gelten sollen, andererseits aber, und darauf kommt es in unserem Zusammenhang vor allem an, dass die Bürger erzogen werden müssen. Staat gelingt demnach nur, wenn dieser seine Bürger bildet. Von dieser Verfasstheit des Staates wird in weiterer Folge auszugehen sein, wenn das Militär einer Untersuchung unterzogen werden soll.

Nun haben wir festgestellt, dass es zur Ordnung im Staat der Gesetze und des Rechts bedarf, dies allein jedoch genügt nicht: Es muss das Recht auch durchgesetzt werden können. Alle Gemeinwesen etablieren daher Vollzugsorgane, die diesem Bestreben gerecht zu werden vermögen. Zum Schutz des Gemeinwesens im Sinne der Garantie des inneren Friedens und zu Abwehr von Angriffen von außen werden daher Einrichtungen etabliert, die einen Kampf auszutragen vermögen. Alle diese Einrichtungen werden unter der Begrifflichkeit der „bewaffneten Macht" zusammengefasst.

Das Militär in diesem Kontext ist als eine bewaffnete Macht zu verstehen, die ausschließlich in jener bestimmten Form des Gemeinwesens eingerichtet werden kann, die

[13] Hegel, G.W.F.: Werke Bd. 14, Vorlesungen über die Ästhetik II, Frankfurt am Main 1986, S. 85 f.
[14] Spinoza, Baruch de: Ethik in geometrischer Ordnung dargestellt. Hamburg 2007, S. 351.
[15] Montesquieu, Charles de: Vom Geist der Gesetze, Bd. 1, Tübingen 1992, S. 47.

wir nun als Staat bezeichnet haben. Damit gilt das Militär als eine besondere Form der Streitkraft. Innerhalb der Gemeinwesen können jedoch mehrere bewaffnete Mächte existieren, die ihrerseits ebenso als Streitkraft bezeichnet werden. Das Militär ist damit einerseits ein Instrument des Staates, dem primär die Aufgabe des bewaffneten Schutzes dieses Gemeinwesens zukommt. Das Militär gewährleistet somit im Besonderen das Überleben des Staates im Falle eines kriegerischen Aktes oder der Androhung eines solchen gegen ihn.

Der Staat erfüllt seinen Zweck durch die Vorherrschaft des Rechts, er gibt damit seinen Bürgern Rechtssicherheit und erst auf Grund einer etablierten solchen ist gewährleistet, dass der Bürger ein zufriedenes Leben führen kann, da erst dadurch der innere Frieden hergestellt wird. Der innere Frieden eines Gemeinwesens ist bereits in der menschlichen Natur angelegt, denn es existiert eine Sehnsucht nach Zufriedenheit, aber es bedarf des ständigen Bemühens darum. Die höchste Form dieser gemeinwesentlichen Kulturleistung verwirklicht sich im Staat durch die Setzung des Rechts und dessen Überwachung. Daher ist auch das Militär als ein Teil des Staates im Recht verankert – es sind ihm demgemäß bestimmte Aufgaben übertragen und Befugnisse zugestanden.

Und hier tritt jene Besonderheit zu Tage, die das Militär von allen anderen staatlichen Institutionen unterscheidet: Das Militär ist die bewaffnete Macht des Staates – es existiert also eine Gruppe von Menschen, die die Waffen in der Hand hat und für die es ein leichtes ist, die Herrschaft zu übernehmen. Das geltende Staatsrecht schützt das Gemeinwesen als solches nur bedingt vor diesen möglichen Übergriffen des Militärs auf die politischen Geschäfte, denn Worte, auch wenn sie in Gesetze gegossen sind, vermögen die Waffen nur dann einzuhegen, wenn diese Gesetze von den Waffenträgern auch verinnerlicht sind. Es bedarf daher im Staat eines besonderen Vertrauensverhältnisses des Gemeinwesens zu seiner bewaffneten Macht, die aus einer speziellen Erziehung des Militärs zum jeweiligen Staat resultieren muss, denn nur dadurch ist eine Verinnerlichung auch in hohem Ausmaß gewährleistet.

Wenn wir also oben von der Erziehung der Bürger gesprochen haben hinsichtlich des Maßhaltens und der Zufriedenheit, so ist es im Kontext des Militärs ein noch wichtigeres Anliegen, die Angehörigen des Militärs zu Bürgern zu erziehen, d. h., ihnen die notwendige Bildung angedeihen lassen, damit sie Sinn und Zweck ihres Handelns im Rahmen des Staates verstehen. Die Anlage einer solchen Erziehung ist ebenfalls eine Aufgabe der Militärwissenschaften, im Konkreten der Teildisziplin „Theorie der militärischen Erziehung und Ausbildung", doch darüber soll weiter unten noch ausführlich gesprochen werden, denn es ergeben sich aus diesem Zusammenhang beispielsweise jene für das gedeihliche Zusammenleben essentiellen Fragen nach der Allgemeinen Wehrpflicht, dem Berufsheer und dem Söldnertum. Im Allgemeinen aber muss diese spezielle Erziehung auf die Herausbildung eines absoluten Gehorsams gegenüber dem Staat abzielen. Spinoza legt den Gehorsam fest als:

„den beständigen Willen, dasjenige auszuführen, was dem Recht nach gut ist und was Kraft eines gemeinsamen Beschlusses geschehen soll."[16]

---

[16] Spinoza, Baruch de: Politischer Traktat, Hamburg 1994, S. 31.

Erst wenn sichergestellt ist, dass sich der Gehorsam gegenüber dem Staat im Militär verwirklicht hat, ist von dieser Seite her die Sicherheit des Gemeinwesens gewährleistet. In dieser Hinsicht sind der Status bzw. die Herkunft des Bewaffneten von entscheidender Bedeutung. Ein Bürger des Landes wird bereit sein, seinen Staat, der ihn ernährt und den er (insbesondere im Herrschaftssystem der Demokratie) selbst mitgestaltet, zu verteidigen, daher wird er seinen Politikern auch willig sein zu gehorchen, wenn sie ihm den Einsatz befehlen. Ein angeworbener Söldner identifiziert sich nicht mit dem Staat, sondern lediglich mit seinem Auftrag, soweit er ihm Geld einbringt. Er wird daher nur solange gehorchen, als er daran verdient und die Kosten-Nutzen-Rechnung das Risiko des Verlustes gering erscheinen lässt. Daraus folgt, dass es vorteilhafter erscheint, Bürger an den Waffen auszubilden, denn Fremde.

Die Maxime des Gehorsams ist daher jenes wesentliche Merkmal, das den Streitkräften im Rahmen des Staates – also dem Militär – zukommt.

Nun ist die enge Verschränkung zwischen Staat und Militär dargelegt, die jedoch nur einen Strang des Militärischen skizziert, nämlich die Einbettung einer besonderen Form der Streitkräfte unter der Maxime des Gehorsams in eine besondere Form des Gemeinwesens. Diese spezielle Ausprägung ändert aber im Prinzip nichts am Wesen des Militärischen an sich, im Sinne dessen, eine Streitkraft zu sein. Es gilt daher nun darzulegen, inwieweit sich das Militär auch von den Streitkräften im Allgemeinen abhebt.

Streitkräfte bezeichnen zunächst ganz allgemein die Fähigkeit eines Gemeinwesens, sich auf einen Streit mit anderen einzulassen. Sie sind also ihrem Wesen nach ein Streitmittel, also nicht eine Sache um oder für die gestritten wird, sondern ein Mittel, um einen Streit möglichst im Sinne desjenigen zu beenden, der dieses Mittel zur Verfügung hat. Wenn nun davon ausgegangen werden muss, dass auch eine Bevölkerungsgruppe, wie beispielsweise eine Sezessionsbewegung oder eine Terrorzelle, ein Gemeinwesen darstellt, und zwar dann, wenn es sich definitiv gegen den Staat wendet und daher politische Motive des Handelns abzuleiten sind, so muss auch zugestanden werden, dass es sich bei seinen bewaffneten Kämpfern um Streitkräfte handelt, denen seitens des Angegriffenen ausschließlich mit Streitkräften effizient zu begegnen ist. Dies trifft vor allem dann zu, wenn diese Form der politischen Kriminalität durch die polizeilichen Einrichtungen des Gemeinwesens nicht mehr bewältigt werden kann, wie dies derzeit beim aufkommenden Piratenunwesen am Horn von Afrika der Fall zu sein scheint. Dabei handelt es sich allerdings eher um die Ausnahme denn die Regel, sodass eine grundsätzliche Abgrenzung der Begrifflichkeit Streitkräfte von den kriminellen Handlungen einzelner Banden geboten erscheint. So zählt die Bekämpfung der Kriminalität prinzipiell zu den polizeilichen Aufgaben eines Gemeinwesens. Daraus folgt auch, dass die Polizeikräfte grundsätzlich nicht den Streitkräften zuzurechnen sind. Dennoch ist die Grenze zwischen beiden Kräften unscharf und eine exakte Abgrenzung schwierig. Dazu Herfried Münkler:

„Zumindest ab einer gewissen Größenordnung der Anschläge sowie einer international verflochtenen Logistik der Netzwerke ist es angeraten, Terrorismus nicht mehr als eine Form organisierter Kriminalität, sondern als politisch-

militärische Strategie zu betrachten – auch wenn klar ist, dass die Übergänge zwischen beiden fließend sind und eine scharfe Trennlinie mit begrifflich-definitorischen Mitteln kaum gezogen werden kann."[17]

Münkler reflektiert hier auf die neue Dimension des Terrorismus über das „Problem mit dem zu interessierenden Dritten", also den unbeteiligten Unschuldigen, der durch den bewaffneten Kampf im Rahmen politischer Kriminalität auf die Anliegen der Terroristen aufmerksam gemacht werden sollte. Diesen potentiell gewinnbaren Befürworter der Anwendung politischer Gewalt galt es im Rahmen der bisherigen ethnisch-nationalistischen oder sozialrevolutionären Terrorismusaktivitäten weitgehend zu schonen, da er als Legitimitätsressource angesehen wurde. Religiöser Terrorismus bedarf dieser Ressource kaum, da er sich einerseits auf die Erfüllung einer in die transzendente Dimension ausgelagerten Willenskundgebung berufen kann und andererseits alle ohne „rechten Glaubens" unterschiedslos in die Kategorie des zu Vernichtenden fallen. Während also religiös motivierter Terror in der Wahl seiner Mittel „großzügig" sein kann, mussten sich die anderen Formen des Terrorismus auf Handfeuerwaffen und Sprengmittel beschränken.

Diese neue Dimension politisch-militärischen Operierens führt weg vom ausschließlich polizeilichen Bekämpfen dieser umfassenderen Form politischer Kriminalität; die politisch-legitimatorischen Eingrenzungen der Gewalt seien dahin, so Münkler, und dies rufe die Streitkräfte als Akteure im Rahmen dieser asymmetrischen Form der Kriegsführung auf den Plan.[18] Diese Betrachtungsweise skizziert daher einen in Nebel gehüllten Übergang vom Polizei- zum Militäreinsatz, der in dieser Form für ein sauberes Auseinanderhalten dieser unterschiedlichen staatlichen Aufgabenfelder als unzureichend erscheint, die jedoch im Sinne der Bürgerrechte notwendigerweise zu reglementieren sind. Denn der Einsatz der Streitkräfte im militärischen Sinn würde grundsätzlich bedeuten, dass sich das Gemeinwesen in einem Krieg oder einem kriegsähnlichen Zustand befindet, wo in der Regel auch besondere Rechtsnormen gelten würden, was wiederum eine massive Einschränkung von Bürgerrechten zur Folge hätte. Der Einsatz des Militärs kommt immer einer *ultima ratio* gleich und muss sich demzufolge vom Polizeieinsatz grundsätzlich klar abgrenzen.

5.1.1 Das Militär als Hilfskraft

Zur Bestimmung des Wirkungsspektrums der Streitkräfte bedarf es daher einer Grenzziehung, denn allzu leicht nur wäre aus einer verschwommenen und unsauberen Trennung von Polizei- und Militäraufgaben der falsche Schluss zu ziehen, dass nämlich eine Gleichsetzung beider erfolgen könnte, vor allem dann, wenn eine Gefährdung für den Staat von außen, also durch andere Staaten, aber auch andere Gemeinwesen, nicht ansteht. Grundsätzlich kann davon ausgegangen werden, dass Streitkräfte ihrer Bestim-

---

[17] Münkler, Herfried: Über den Krieg, Weilerswist 2002, S. 252.
[18] Vgl. ebenda S. 257–264.

mung nach – nämlich als Streiter – dann zum Zuge kommen, wenn das Gemeinwesen einer Gefahr ausgesetzt ist, die sein Überleben in Frage stellt. Dies wird deutlich bei einer Bedrohung gegen das Gemeinwesen, die von außen durch ein anderes herangetragen wird. Für die Abwehr eines Angriffes werden die Streitkräfte aufgeboten, wie auch immer sich diese konfigurieren mögen. Die Angriffe von islamischen Terroristen auf das World Trade Center und das Pentagon am 11. September 2001 ließen die Vereinigten Staaten mit einem Einsatz der Streitkräfte antworten. Ebenso wurde dem Einsatz der Streitkräfte durch Serbien in den Balkankriegen mit dem Einsatz der Streitkräfte der NATO entgegnet. Die Verteidigung des Gemeinwesens gegen Bedrohungen von außen ist daher eine Aufgabe der Streitkräfte. Die Abgrenzung gegenüber dieser Seite des Aufgabenspektrums lässt sich auf der Seite der Existenzgefährdung von außen eindeutig festlegen:

„Unter Streitkräften sind Personal und Material der den Krieg führenden Truppen zu verstehen."[19]

Die Schwierigkeit liegt demnach ausschließlich in der Abgrenzung hin zur Kriminalität, also einer Klärung des Einsatzes der Streitkräfte gegen Feinde im Inneren. Ab welcher Schwelle sind Streitkräfte als solche gegen Kriminalität einzusetzen oder überhaupt für einen Einsatz innerhalb des Gemeinwesens aufzubieten? In der Regel werden Streitkräfte für solche Einsätze den Polizeikräften beigeordnet und fungieren unter deren legistischen Grundlagen (Sicherheitspolizeigesetz) quasi als Hilfspolizei.

Die Heranziehung von Streitkräften für derartige Aufgaben ergibt sich aus politischen Erwägungen und auch aus der spezifischen Eigenart der Streitkräfte als bewaffnete Macht des Staates. Streitkräfte mutieren in der Erfüllung solcher Zwecke zu Helfern. Keinesfalls soll aber die Bedeutung dieser Aufgaben geschmälert werden, denn es zählen derartige Unterstützungsleistungen ebenfalls zu den erforderlichen Maßnahmen, die ein Gemeinwesen im Notfall zu setzen hat. Allerdings sei festgehalten, dass diese Aufgaben für Streitkräfte als Zusatzaufgabe auf Grund besonderer Legitimation zu betrachten sind.

Für das Gemeinwesen Staat erscheint dies relativ einfach über die Anforderungen an das Militär geregelt. Aus diesem Grunde sehen manche staatlichen Verfassungen die Aufgaben des Militärs nicht nur in der engen Direktive, den Staat bei Angriffen zu verteidigen, sondern sie setzen viel breiter an und benennen das Militär nebst der klassischen Verteidigungsaufgabe für weitere Aufgabenstellungen. So finden sich beispielsweise in der österreichischen Bundesverfassung *„soweit die gesetzmäßige zivile Gewalt seine Mitwirkung in Anspruch nimmt"* drei wichtige Zusatzaufgaben:

„Art. 79 B-VG (2) 1. a) zum Schutz der verfassungsmäßigen Einrichtungen und ihrer Handlungsfähigkeit sowie der demokratischen Freiheiten der Einwohner, b) zur Aufrechterhaltung der Ordnung und Sicherheit im Inneren überhaupt, 2.

---

[19] Poten, Bernhard v.: Handwörterbuch der gesamten Militärwissenschaften, Bd. 9, Bielefeld 1880, S. 90.

zur Hilfeleistung bei Elementarereignissen und Unglücksfällen außergewöhnlichen Umfanges."[20]

5.1.1.1 Katastrophenhilfe

Für den Fall des Art. 79 B-VG (2) 2. übernimmt das Militär Aufgaben, die durch die zivilen Behörden nicht mehr bewältigbar sind – es handelt damit jedoch nicht mehr als Militär im Sinne seiner Bestimmung, sondern als jener bereits skizzierte Helfer. Hierbei werden die militärischen Fähigkeiten und Einsatzverfahren bestmöglich zur Beseitigung nicht militärischer Probleme (Katastrophen) genützt. Aus dem Militär wird in diesen Fällen ad hoc eine Katastrophenhilfsorganisation. Die erfolgreiche Bewältigung solcher Aufgaben ist für den Staat essentiell. Ab einer gewissen Eskalationsstufe bedarf es dazu der Aufbietung einer Vielzahl von Helfern, die nur durch eine speziell dazu aufgebaute Organisation erreicht werden kann. Nur dadurch ist eine hohe Durchhaltefähigkeit zu erzielen und gewährleistet, dass neben allgemeinen Hilfskräften auch Spezialisten und entsprechendes Gerät in ausreichender Zahl vorhanden sind.

In diesem Zusammenhang erscheint es zweckmäßig, das Militär für solche Aufgaben heranzuziehen, da es exakt über das erforderliche Spezialgerät und die dazugehörenden Bedienungsmannschaften verfügt, woraus sich de facto der Mehrwert im Sinne eines Dual Use[21] ergibt. Vor allem die Waffengattung der „Pioniere“, aber auch die „ABC-Abwehrtruppe“[22], deren Aufgabe im militärisch/taktischen Sinn das Hemmen der feindlichen und das Fördern der eigenen Bewegung bzw. der Schutz der eigenen Kräfte ist, verfügen dazu über entsprechende Mittel wie beispielsweise Kriegsbrückengerät, Sprengstoffe, Baumaschinen usw. Diese Mittel eignen sich auch hervorragend zur Hilfeleistung bei Katastrophen, so dass es grundsätzlich Sinn macht, keine andere Hilfsorganisation aufzubauen, sondern das Militär mit dieser wichtigen Zusatzaufgabe zu betrauen. Außerdem verfügt das System Militär in der Regel[23] über ausreichend personelle Ressourcen, die als Helfer zur Unterstützung der zivilen Katastrophenhilfsorganisationen eingesetzt werden können.

5.1.1.2 Hilfspolizei

Anders verhält es sich mit dem Art. 79 B-VG (2) 1.b), da hier das Militär gegen ein Problem im Inneren aufgeboten wird, wozu grundsätzlich der Einsatz von Waffenge-

---

[20] Klecatsky, Hans R.; Morscher, Siegbert: Die österreichische Bundesverfassung, Wien 1993, S. 97 f.

[21] Geräte, die sowohl für den zivilen als auch für den militärischen Gebrauch gleichermaßen heranzuziehen sind.

[22] ABC steht für: atomar, biologisch, chemisch.

[23] Dies trifft vor allem dann zu, wenn die Wehrform der Allgemeinen Wehrpflicht etabliert ist. Berufsheere sind meist klein gehalten und vielfach durch andere Aufgaben, wie beispielsweise Auslandseinsätze, bereits ausgespielt. Eine entsprechende Durchhaltefähigkeit für Zusatzaufgaben ist damit meist nicht mehr gewährleistet.

walt notwendig werden kann. In erster Linie handelt es sich dabei um Straftaten oder andere Formen der Kriminalität. Da für kriminelle Akte grundsätzlich die Polizei zuständig ist, wird das Militär in solchen Fällen dann herangezogen, wenn das zu bewältigende Problem eine Dimension erreicht, der die Polizei nicht mehr gewachsen erscheint, und zwar qualitativ oder quantitativ oder auch beides.

Qualitativ erscheint die Polizei dann überlastet, wenn die Kriminellen Mittel und Verfahren anwenden, denen die Polizei unmittelbar nichts Adäquates entgegen zu setzen hat. Hier kann der Einsatz des Militärs mit seinen Fähigkeiten zur Hilfeleistung notwendig werden. Hinsichtlich der quantitativen Überlastung der Polizei ist das Beispiel des Einsatzes des Österreichischen Bundesheeres an der Ostgrenze von 1990 bis laufend zu nennen. Die rasante Zunahme der illegalen Einwanderung nach Österreich nach dem Fall des Eisernen Vorhanges machte die verstärkte Überwachung der Grenzen notwendig. Da die Polizei mit dieser Aufgabe überfordert war, wurde seitens der Bundesregierung der Einsatz des Bundesheeres zur Unterstützung angeordnet. Dieser so genannte „Sicherheitspolizeiliche Assistenzeinsatz" ist ebenfalls kein klassischer militärischer Einsatz, sondern die Soldaten fungieren als Hilfspolizisten, aber, ähnlich wie beim Katastrophenschutz, gibt es keine andere Organisation, die in der Lage wäre, diese Verstärkung in gleichem Umfang und Qualität durchzuführen. Ebenso wurde das Bundesheer bereits mehrfach als Hilfspolizei im Rahmen des Katastrophenschutzes herangezogen, und zwar in solchen Fällen, wo Ortschaften oder Ortsteile evakuiert werden mussten.[24] Um Plünderungen zu vermeiden mussten durch das Militär Patrouillen und Posten aufgezogen werden, die Polizei war quantitativ nicht in der Lage, dieses Problem zu meistern. Fazit: Es handelt sich bei solchen Einsätzen um eine wichtige Zusatzaufgabe – das Militär fungiert auch hier als Hilfskraft.

5.1.2 Das Militär als Streitkraft

Das Militär ist die am höchsten entwickelte Form der Streitkräfte im Hinblick auf Fähigkeiten und Fertigkeiten im Rahmen der Kriegskunst und ist daher am Besten geeignet, die Verteidigung und Bestandssicherung gegen gegnerische Streitkräfte wahrzunehmen. Dies korreliert auch mit dem Staat und zwar insofern als dieser auf Grund seiner Zusammenfügung auf der Basis des Rechts ausschließlich dazu in der Lage ist, ein effizientes System Militär zu erzeugen. Wie wir bereits dargelegt haben, impliziert die Begrifflichkeit des Militärs zudem den Gehorsam und die damit verbundene absolute Loyalität gegenüber dem Staat, wodurch auch mit dieser Haltung das Militär (in seiner Idealform) als das verlässlichste Instrument der Staatspolitik angesehen werden muss. Aus dieser Position heraus ist es auch zu verstehen, dass Streitkräfte im allgemeinen Sinne sich militärisch, also nach dem Ideal hin, ausrichten. Die Bezeichnung einer Kriegs- oder Gefechtshandlung als militärisch muss daher nicht zwingend mit dem Militär als solchem verknüpft sein, sondern kann auch durch bewaffnete Kräfte durch-

---

[24] Beispiele sind die Hochwasserkatastrophe in Nieder- und Oberösterreich aus dem Jahr 2002 und die Absturzgefahr des „Eiblschrofen" in Schwaz in Tirol im Jahr 2003.

geführt werden, sofern sie sich militärischen Parametern gemäß verhalten. Demzufolge beschäftigen sich auch die Militärwissenschaften nicht ausschließlich mit der Institution Militär, sondern mit allen militärisch relevanten Bezugspunkten.

Hier kommt noch ein Aspekt im Rahmen des Staates hinzu, der sich aus der Aufgabenvielfalt des Militärs für den Staat ergibt, wie dies oben im Rahmen des Katastrophenschutzes und der Verwendung als Hilfspolizei ersichtlich wurde. Das Militär bekommt im Rahmen des Staates auch Aufgaben zugewiesen, die seinem Wesen als Streitkraft nur teilweise oder gar nicht entsprechen. Die Erledigung dieser wichtigen Zusatzaufgaben ist für den Staat essentiell, sie können im erwarteten Umfang hinsichtlich Qualität, Quantität sowie des Zusammenspiels beider und hinsichtlich Durchhaltefähigkeit effizient nur durch das Militär geleistet werden. Das Militär ist daher immer Streit- und Hilfskraft zugleich. Verliert sich allerdings im Militär der Streitkräftecharakter, so hört dieses auf, seinem allgemeinen Wesen als Militär gerecht zu werden; für die verbleibenden Hilfskräfte muss dann eine andere Organisationsbezeichnung gefunden werden. Wenn so eine Entwicklung Platz greift, ist in weiterer Folge aber auch die Frage zu stellen, inwieweit ein solches Gemeinwesen dann noch als Staat anzusehen ist, da im Hegel'schen Sinne ein Staat nur dann als solcher bezeichnet werden kann, wenn er zu seiner Verteidigung im Falle des Krieges in der Lage ist.[25]

Wir finden aber als Bedrohung für den Staat nicht nur Streitkräfte im Sinne einer bewaffneten Macht eines Gemeinwesens, das von außen sich gegen das eigene wendet, sondern auch Streitkräfte im Inneren vor, die sich gegen den Staat wenden können und daher mit den staatlichen Streitkräften als Gegenmittel bekämpft werden. Wir erkennen daraus, dass Streitkräfte im Allgemeinen sich vom Militär als Streitkraft insofern unterscheiden, als das Militär ausschließlich dem Staat als Instrument zukommt. Das Militär ist also in diesem Zusammenhang nicht bloß eine der Formen der Streitkräfte neben zahlreichen anderen, sondern die staatliche Streitkraft, mit der er sich gegen alle Bedrohungen zu wehren vermag.

Der Artikel 79 (2)1.a) unterlegt für einen Einsatz des Militärs im Inneren im Prinzip das Vergehen des Hochverrates an der Republik Österreich durch eine innerstaatliche Bedrohung. Wie ist das zu verstehen? Handlungen gegen die verfassungsmäßigen Einrichtungen und die demokratischen Freiheiten der Bürger sind zwar ebenfalls ein krimineller Akt, aber aus politischen Motiven. Wie bereits dargelegt, finden sich Menschen in einem Gemeinwesen zusammen, um nach bestimmten Vorstellungen und unter einer festgelegten sittlichen Ordnung ihr Glück zu verwirklichen. Alles Handeln, das durch den Staat zur Erreichung dieses Zweckes gesetzt wird, ist unter dem Begriff der Politik subsumiert.

Damit ist vor allem ausgesagt, dass jedes Gemeinwesen, da es einzigartig ist, ein bestimmtes, ganz spezielles politisches System etabliert hat, das einem dynamischen Prozess unterliegt, der Veränderungen bis zu einem gewissen Ausmaß zulässt, sofern die Zustimmung der an der Politik Beteiligten vorhanden ist bzw. eingeholt wurde. Es ist also in jedem Staat ein Rahmen festgelegt, der die politische Betätigung eingrenzt – dies geschieht ausschließlich über die Gesetze. Ein Hinausgehen im politischen Sinne über

---

[25] Hegel, G.W.F.: Werke Bd. 1, Frühe Schriften, Frankfurt am Main 1994, S. 472 f.

die Gesetze ist ein Verbrechen, also ein krimineller Akt, der in seiner Dimension eine Besonderheit aufweist: er geht gegen das Gemeinwesen an sich vor. Politische Straftaten unterscheiden sich von anderen Straftaten darin, dass letztere nicht vorsätzlich gegen das System an sich vorgehen, sie benutzen vielmehr das bestehende System als Betätigungsfeld. Der Staat bietet auch dem Verbrecher Schutz und zwar insofern, als dieser ausschließlich im jeweiligen politischen System sein Unwesen zu treiben vermag. So ist eine jeweilige kriminelle Struktur nur unter ganz bestimmten Rahmenbedingungen, nur für ein Gemeinwesen oder möglicherweise eine Gruppe solcher (man spricht dann von internationaler Kriminalität), anwendbar. So existieren zwar in vielen Ländern mafiaartige Strukturen, aber sie sind nirgendwo deckungsgleich.

Politische Straftaten hingegen wenden sich immer vorsätzlich gegen das Gemeinwesen als solches, sie wirken daher existenzgefährdend. Der Kampf gegen den Staat wird von politischen Kriminellen geführt mit dem Ziel der Vernichtung des jetzigen Zustandes, also der Auslöschung des Gemeinwesens. Beispielhaft sei hier die „Baader-Meinhof-Bande" im Deutschland der 1970er Jahre genannt. Aus ihrer Stellung gegen den Staat sehen sie sich nicht primär als Kriminelle, sondern als Streiter für eine politische Sache, daher kommt es auch oft zu Namensgebungen militärischer Art, wie „Rote-Armee-Fraktion" oder „Rote Brigaden".

Unter Hochverrat wird allgemein in den einschlägigen Rechtsmaterien die Veränderung oder vielmehr Beseitigung des vorherrschenden politischen Systems durch die Anwendung von Gewalt oder deren Androhung verstanden.[26] Der damit zu erreichende Umsturz, bei dem die erwähnten Neid- und Rachemotive eine nicht unerhebliche Rolle spielen, bedarf einer gezielten Planung und Vorgehensweise, die ein militärisches Vorgehen mit einschließt. Gelingt der Umsturz, so setzen sich die so genannten „Umstürzler" als die neuen Herren an die Spitze des Gemeinwesens. Misslingt der Umsturz, so werden dieselben als politische Kriminelle behandelt. Aus ihrer Selbstsicht betrachten sich diese Personen jedoch meist als Befreiungskämpfer. Es ist also grundsätzlich eine Frage der Betrachtungsweise, inwieweit der Staat seine inneren Feinde als solche anerkennt oder sie dem Bereich der Nichtpolitischen Kriminalität als „gewöhnliche" Verbrecher zuweist – dies kann nur aus dem konkreten Anlassfall heraus beurteilt werden.

Bei der Anerkennung von politischen Verbrechern als solche „außergewöhnlichen" Kriminellen ist mit diesem Akt ausgesagt, dass es sich um eine existentielle Bedrohung des Staates handelt und daher alle erforderlichen Maßnahmen dagegen zu ergreifen sind. Da für die Vorbereitung und Durchführung eines Umsturzes militärisches Wissen gefragt ist und Kämpfer in militärischer Art und Weise zu konfigurieren sind, handelt es sich bei diesen politischen Kriminellen konsequenterweise um (subkonventionelle) Streitkräfte. Für den Staat sind diese Streitkräfte im Umkehrschluss als ein Feind im Inneren zu betrachten, der besondere Abwehrverfahren erforderlich macht.

---

[26] Siehe dazu: List, Walter: Strafrecht/Die wichtigsten Rechtsvorschriften des materiellen und formellen Strafrechts, Wien 1993, S. 207 sowie Schmidt, Manfred G.: Wörterbuch zur Politik, Stuttgart 1995, S. 404 und Zappe, Karl: Grundzüge des Militärstrafrechts, Wiener Neustadt 1897, S. 48.

5.2 Der Krieg

Um den Krieg als Phänomen, als zweckstiftendes Handlungsfeld des Militärs, zu erfassen, bedarf es seiner exakten Bestimmung. Eine solche muss vorgenommen werden, um alle anderen Auseinandersetzungen vom Krieg unterscheiden zu können. Kriegsdefinitionen existieren zahlreiche und es scheint, als wäre man versucht, eine jeweils passende zu generieren, um das Wort „Krieg" für seine jeweiligen Zwecke einsetzen zu können. Die Macht des Wortes allein ist es bereits, die Anwender dazu verführt, alles mit „Krieg" zu besetzen, um die notwendige Aufmerksamkeit zu erregen. So lesen wir über den Ehekrieg bzw. Rosenkrieg, den Bandenkrieg, den Frächterkrieg usw. Diese Bezeichnungen haben mit dem tatsächlichen Krieg an sich wenig zu tun, sondern sind Auseinandersetzungen auf einer anderen Beziehungsebene. Einzig den „politischen bewaffneten Konflikt" wollen wir als tatsächlichen Krieg anerkennen und so für die weitere Untersuchung verwenden. Dies korreliert auch mit der bis ins 20. Jahrhundert hinein geltenden, wissenschaftlich anerkannten Kriegsdefinition:

> *„Krieg ist der blutige Kampf zweier Völker oder politischer Parteien, von denen der eine Teil dem anderen seinen Willen aufzwingen, letzterer sich jenem nicht fügen will. Er ist das letzte Mittel zur gewaltsamen Lösung eines politischen Konfliktes, nachdem der Versuch friedlicher Vereinbarung der streitigen Interessen (diplomatische Verhandlungen) gescheitert ist."*[27]

Der Krieg ist demnach immer mit dem Gemeinwesen verknüpft. Das bedeutet in weiterer Folge, dass der Staat den Krieg anordnet, der Krieg also damit dem Primat der Politik unterliegt. Der Krieg ist daher nicht etwas Selbständiges, das sich aus sich heraus generiert, sondern er ist eine Faktizität im doppelten Sinne. Indem er der Politik unterliegt, wird der Krieg nunmehr zu einem politischen Willensakt. Der Krieg erzeugt nicht den Krieg – es ist die Politik, die den Krieg will. Damit soll ausgesagt sein, dass es immer die Möglichkeit gibt, den Krieg einzudämmen oder gar zu beenden, wenn sich der politische Wille dahingehend generiert. Aus dieser Sicht steht also der Krieg auf der Hierarchieleiter unterhalb des Staates, der über ihn entscheidet. Zugleich sieht sich der Krieg auf eine Ebene gestellt mit dem Frieden als sein Gegenüber, wobei es ebenfalls der Politik obliegt, diesen herzustellen, zu erhalten oder zu fördern. Der Krieg ist als Antipode zum Frieden also gesetzt, woraus sich ergibt, dass in dieser Aufstellung auch der Friede dem Primat der Politik unterliegt und nicht in Form eines wie immer gearteten „friedlichen Naturzustandes" vorwaltet.

---

[27] Poten, Bernhard v.: Handwörterbuch der gesamten Militärwissenschaften, Bd. 5, Bielefeld und Leipzig 1880, S. 299.

5.2.1 Krieg und Politik

Zunächst jedoch ist der Krieg durch die politisch Handelnden generiert, demnach ein politischer Willensakt, der als solcher gesetzt wird. Der Krieg ist demzufolge nicht Selbstzweck, sondern er stellt sich nunmehr als jenes Mittel der Politik dar, von dem Clausewitz spricht:

> *„Der Krieg einer Gemeinheit – ganzer Völker – und namentlich gebildeter Völker geht immer von einem politischen Zustande aus und wird nur durch ein politisches Motiv hervorgerufen. Er ist also ein politischer Akt.“*[28]

An dieser Stelle soll wieder ein Rückschluss auf das Militär gezogen werden, da nun die Verknüpfung Staat und Krieg einerseits und Staat und Militär andererseits den Schluss zulassen, dass Krieg und Militär nur über den Staat zusammengebunden sind. Das bedeutet, wenn ein Staat im Rahmen seiner Politik das Mittel des Krieges zur Durchsetzung ebendieser Politik wählt, dann ist das Instrument zur Ausführung dieser Absicht das Militär, denn, wie wir bereits festgestellt haben, bildet das Militär die bewaffnete Macht des Staates in Form seiner Streitkräfte (oder eines Teils dessen) ab. Alle anderen Konfrontationen von bewaffneten Gruppen gelten in diesem Definitionsrahmen weiterhin als Bewaffneter Konflikt. Wenn also ein Krieg geführt wird, dann ist der Staat daran beteiligt und damit zwingend auch das Militär, da er sonst über kein anderes Mittel zu diesem Zweck verfügt. Der Krieg selbst kann gegen Feinde im Inneren, wie dies meist bei Bürgerkriegen der Fall ist, oder gegen einen äußeren Feind geführt werden. Damit ist schon angedeutet, dass es hier nicht auf das notwendige Aufeinandertreffen von zwei Staaten ankommt, sondern auf den Kampf von mindestens zwei Gemeinwesen, von denen eines ein Staat sein muss.

Wenn nun der Staat, aus welchen Gründen auch immer, mit Militär gegen vereinzelte Räuberbanden vorgeht oder etwa im Rahmen von Naturkatastrophen Plünderungen durch den Einsatz des Militärs zu verhindern sucht, dann handelt es sich zwar um einen Bewaffneten Konflikt mit nichtstaatlichen Gemeinwesen, der seinem Wesen nach zur Verbrechensbekämpfung und nicht als politische Aktion gedacht ist, weshalb in diesen Fällen nicht von militärischen Aufgaben, sondern von Polizeiaufgaben gesprochen werden kann. Das Militär fungiert wiederum als Hilfskraft. Für seine Aufgaben als Streitkraft hat die Arbeitsgemeinschaft Kriegsursachenforschung der Universität Hamburg (AKUF) eine Kriegsdefinition angeboten, die den bisher dargelegten Ableitungen in weitem Umfang gerecht wird und daher als solche übernommen werden soll:

> *„Krieg ist ein gewaltsamer Massenkonflikt, der alle folgenden Merkmale ausweist: (a) an den Kämpfen sind zwei oder mehr bewaffnete Streitkräfte beteiligt, bei denen es sich mindestens auf einer Seite um reguläre Streitkräfte (Militär, paramilitärische Verbände, Polizeieinheiten) der Regierung [Anm.: des Staates] handelt; (b) auf beiden Seiten muss ein Mindestmaß an zentral gelenkter Organi-*

---

[28] Clausewitz, Carl v.: Vom Kriege, Bonn 1991, S. 209.

sation der Kriegführenden und des Kampfes gegeben sein, selbst wenn dies nicht mehr bedeutet als organisierte, bewaffnete Verteidigung oder planmäßige Über-fälle (Guerillaoperationen, Partisanenkrieg usw.); (c) die bewaffneten Operatio-nen ereignen sich mit einer gewissen Kontinuität und nicht nur als gelegentliche, spontane Zusammenstöße, d.h. beide Seiten operieren nach einer planmäßigen Strategie, gleichgültig ob die Kämpfe auf dem Gebiet einer oder mehrerer Ge-sellschaften stattfinden und wie lange sie dauern."[29]

Allerdings tritt im Zusammenhang mit der Formulierung „gewaltsamer Massenkonflikt" ein Graubereich zu Tage, sofern auch das Phänomen des Terrorismus unter die Kriegs-definition zusammengefasst werden soll. Terroristische Aktivitäten werden zwar meist durch eine politische Organisation erdacht, sie folgen meist auch einer planmäßigen Strategie, zudem sind in der Regel die Streitkräfte in irgendeiner Form involviert, aber die Kampfweise konzentriert sich meist auf Einzelpersonen, wie dies bei den Selbst-mordattentätern signifikant der Fall ist, oder auf kleine Gruppen, die Anschläge ver-üben. Ziel ist es jedoch, die Massen zu treffen oder zumindest betroffen zu machen, um für den terroristischen Kampf die erforderliche Aufmerksamkeit zu erreichen. Die Ar-gumentation über die Zahl führt dennoch zu keiner Lösung, da es unmöglich erscheint, anhand dieses Kriteriums festzulegen, ob nun Krieg geführt wird oder ob es sich „ledig-lich" um einen speziellen Polizeieinsatz handelt. In dieser Hinsicht bewährt sich einmal mehr die Festlegung der Zielsetzung, ob die Terroranschläge aus politischen oder aus kriminellen Motiven erfolgen.

So sind beispielsweise die Terroranschläge der sizilianischen Mafia gegen staatliche Einrichtungen, wie Richter und Staatsanwälte, oder auch gegen Politiker aus kriminel-len Motiven heraus begründet. Um ihre „Geschäfte" weiter pflegen zu können, sollen Organe des Staates durch die Androhung oder Anwendung von Gewalt so weit gefügig gemacht werden, dass das kriminelle Treiben ungehindert fortgesetzt werden kann. Damit sind zwar Organe des Staates in ihrer Existenz gefährdet, nicht aber der Staat an sich, denn die Kriminellen benötigen den Staat als Gerüst für ihre Machenschaften, auch wenn dieser nicht in ihrem Sinne funktioniert. In diesem Zusammenhang kann also nicht von Krieg gesprochen werden, sondern von einem Bewaffneten Kampf gegen die Mafia, bei dem die Polizei als federführend zur Verbrechensbekämpfung einzusetzen ist und das Militär allenfalls Unterstützung leistet.[30]

Anders verhält es sich bei jenen Terroristen, die den Staat als solchen bekämpfen und eine Änderung des staatlichen Systems im Sinne der Eliminierung der westlichen Wertegemeinschaft anstreben, wie dies gegenwärtig bei den Ansinnen der islamisti-schen Terrorgruppen in und um die Organisation Al Qaida der Fall ist. In diesen Fällen ist der Staat in seiner Existenz unmittelbar bedroht und hat alle Maßnahmen zu ergrei-fen, um seine Auslöschung zu verhindern. Demzufolge könnte sich ein derart angegrif-fener Staat bei der Bekämpfung dieser Terrorgruppen zur Selbstverteidigung aufgerufen

---

[29] Siehe http://www.uni-kassel.de/fb5/frieden/themen/neuekriege/akuf2005.pdf, abgerufen am 03-03-09.
[30] Die polizeilich-militärischen Hybridformen von Gendarmerie, Carabinieri und Guardia Civil finden in dieser prinzipiellen Aufarbeitung der Problemstellung keine Berücksichtigung.

sehen. Die Vorgehensweise ist differenziert zu sehen (beispielsweise militärisch bei der Bekämpfung von Ausbildungsstätten usw.), zudem jedoch bedeuten diese Art von Terrorangriffen den Einsatz der gesamten bewaffneten Macht (Militär, Polizei, Geheimdienste, Spezialeinheiten) mit ihren speziellen Mitteln, um den Staat entsprechend zu verteidigen. Hinzu kommt im Rahmen der zivil-militärischen Zusammenarbeit auch der Einsatz der zivilen Kräfte im Sinne einer nationalen Aufbietung aller Möglichkeiten. Der Einsatz gegen den politischen Terror ist daher aus dem Motivationsspektrum der Aufbietung aller Kräfte dem Einsatz gegen einen konventionellen Angreifer gleichzusetzen. Die Anwendung politischer Gewalt im Rahmen irregulärer Operationen von Kämpfern oder Kampfgruppen ist immer mit dem Krieg gleichzusetzen, weshalb auch alle dafür notwendigen Mittel zu dessen Bekämpfung einzusetzen sind. Eine Aufteilung der Aufgabenbereiche a priori in polizeiliche und militärische erweist sich als kontraproduktiv. Vielmehr ist für den jeweiligen Anlassfall gesamtstaatlich zu beurteilen, wie vorgegangen werden soll:

> *„Die Sicherheitspolitik steht vor der Aufgabe, die überkommene Trennung von innerer und äußerer Sicherheit zu überwinden und folglich bilden Gefahrenbekämpfung und Gefahrenvorsorge eine einheitliche nationale Aufgabe, welche gleichermaßen die Bewahrung der äußeren wie der inneren Sicherheit umfasst."* [31]

Wenn sich also Ursachen und Auslöser von Kriegen analysieren lassen und dadurch ein Lerneffekt zur Verhinderung von Kriegen mit ähnlichen Anlässen erzielbar ist, so lohnt es sich, dem Krieg ein eigenes Studium zu widmen. Dies ist die Aufgabe der Kriegsursachen- und Konfliktforschung. Diese Form der Erkenntnisgewinnung über den Krieg ist insbesondere für die Politikwissenschaft von Bedeutung, da eben der Politik die Entscheidung über den Krieg zukommt. Da jedoch die Durchführung bzw. die Umsetzung solcher politischer Maßnahmen, die sich aus dem Lernprozess generieren, in der Regel durch das Militär durchgeführt werden und es dazu der Entwicklung spezieller Techniken und Vorgehensweisen aus dem militärischen Sektor bedarf, ist die Kriegsursachenforschung auch für die militärwissenschaftlichen Forschungsfelder von entscheidender Bedeutung.

Ebenso notwendig in diesem Zusammenhang ist die Betrachtung des Friedens und der Umstände, die ihn ermöglichen. Dabei erscheint es von wesentlicher Bedeutung, dass der Frieden immer erst erarbeitet werden muss und nicht selbstverständlicherweise zufällt. Es handelt sich also um eine Kulturleistung des jeweiligen Gemeinwesens, den Frieden zu erzeugen bzw. zu erhalten. *„Dass nun allen das Streben nach einem glücklichen Leben und einem vollkommenen Dasein innewohnt, ist eine offenkundige Tatsache,"* erklärt uns bereits Aristoteles und meint damit, dass der Mensch sich von Natur aus nach der Zufriedenheit sehnt. [32] Dies ist auch der Grund, weshalb sich Menschen zu

---

[31] Freudenberg, Dirk: Die Theorie des Irregulären/Partisanen, Guerillas und Terroristen im modernen Kleinkrieg, Wiesbaden 2008, S. 366.
[32] Aristoteles: Politik, Hamburg 1981, 1331b, 40.

Von der Notwendigkeit der Militärwissenschaften

Gemeinwesen zusammenschließen, deren Zweck es ist, den Bürger glücklich zu machen, wie wir bereits bei Hegel gesehen haben. Ein glückliches Leben führen zu können bedeutet, in Frieden zu leben, woraus sich ergibt, dass der Endzweck des Staates sich dadurch bestimmt, den Frieden herzustellen. Aus dieser Logik heraus lässt sich auch der Endzweck des Krieges begreifen, der dann nichts mehr anderes sein kann als eben der solche. Wenn also Krieg als politisches Mittel eingesetzt wird, dann ist sein letzter politischer Zweck der Frieden, wie uns Clausewitz dies darlegt:

> *„[...] so ersterben doch im Friedensschluss selbst jedesmal eine Menge Funken, die im Stillen fortgeglüht hätten, und Spannungen lassen nach, weil alle dem Frieden zugewandten Gemüter, deren es in jedem Volk und unter allen Verhältnissen immer eine große Anzahl gibt, sich aus der Richtung des Widerstandes ganz abwenden. Wie dem übrigens auch sei, immer muss man mit dem Frieden den Zweck als erreicht und das Geschäft des Krieges als beendigt ansehen. "[33]*

Damit ist auch der höchste Zweck allen politischen Handelns aufgezeigt, der immer darin liegen muss, den Frieden im Sinne der Zufriedenheit im Staat und des Glücklichseins seiner Bürger zu erreichen.

5.2.2 Krieg und Wissenschaft

Nun wurde bereits dargelegt, dass es nicht der Krieg ausschließlich ist, mit dem das Militär sich zu beschäftigen hat, sondern mit allerlei anderen Einsätzen ebenfalls, die nicht zwingend als Krieg zu bezeichnen sind, da ihnen entweder Merkmale desselben nach obiger Definition fehlen oder aber Auseinandersetzungen zwischen bewaffneten Gruppen stattfinden, die jedoch nach den Regeln des militärischen Handelns ausgetragen werden. Die Begrifflichkeit des Krieges als solche reicht also nicht hin, das Beschäftigungsfeld zu umreißen, in dem das Militär agiert, bzw. jenes, wo militärisch agiert wird. In seiner landläufigen Verwendung werden alle Bewaffneten Konflikte, Zusammenstöße, Streitigkeiten usw. gerne unter der Begrifflichkeit des Krieges subsumiert, für die wissenschaftliche Beschäftigung mit diesen Phänomenen allerdings bedarf es einer sauberen Trennung, die in der stringenten Verfolgung des bisher Abgeleiteten daher nicht unter dem Titel „Kriegswissenschaft" firmieren kann. Einleuchtender erschiene in Anbetracht dessen, dass sich der Krieg als Teil des Bewaffneten Konfliktes fassen lässt, die Beschäftigung mit allen Erscheinungsformen der bewaffneten Auseinandersetzung im kriegerischen Sinne oder nach militärischer Art als „Lehre vom Bewaffneten Konflikt" zu bezeichnen. Dies wirkt allerdings hölzern und ist dazu angetan, in der allgemeinen Diskussion zu Irritationen zu führen, die dann im Rahmen des Bewaffneten Konfliktes eine Messerstecherei mit einem Krieg auf dieselbe Stufe setzen.

Der Ausweg erscheint dergestalt möglich, als der ursprünglichste Begriff in der abendländischen Philosophie, der den Krieg und den Bewaffneten Konflikt gleicherma-

---

[33] Clausewitz, Carl v.: Vom Kriege, Bonn 1991, S. 215.

ßen umreißt, der von Heraklit verwendete *Polemos* (πόλεμος)[34], jene Bezeichnung sein könnte, die auf wissenschaftlicher Ebene eine eigene Definition ohne Irritationen zulässt. Zudem ist der Begriff der „Lehre über den *Polemos*" als wissenschaftliche Beschäftigung mit dem Krieg und dem Bewaffneten Kampf, die so genannte „Polemologie", bereits eingeführt in den wissenschaftlichen Sprachgebrauch, allerdings ist sie im deutschsprachigen Raum als Begriff noch zu wenig bekannt. Bei dieser Begrifflichkeit handelt es sich um eine Wortschöpfung des französischen Kriegsforschers und Soziologen Gaston Bouthoul, der in seinem Werk „*Les Guerres, elements de polémologie*" die Begrifflichkeit wie folgt darlegt:

> *„Nous avons proposé [...], pour distinguer [...] ces deux points de vue si différents, de baptiser Polémologie l'étude objective et scientifique des guerres en tant que phénomène social susceptible d'être observé comme tout autre, cette étude devant, par conséquent, constituer un chaptire nouveau de la sociologie."*[35]

Bouthoul stellt in diesem Werk eine Heuristik der Polemologie vor, beschäftigt sich mit der Morphologie des Krieges und seiner Periodizität. Die neue Disziplin unterscheidet Bouthoul von der militärwissenschaftlichen (und damit aus seiner Sicht mehr der technischen Entwicklung zugewandten) Forschung und verortet sie im Bereich der Soziologie, denn er sieht den Krieg grundsätzlich als eine krankhafte Äußerung menschlichen und damit auch staatlichen Handelns an, was er in seinem (auch in deutscher Sprache erschienenen) Werk: „Kindermord aus Staatsraison" darlegt:

> *„Die polemologische Methode besteht hauptsächlich darin, die Ätiologie bewaffneter Konflikte zu untersuchen und herauszufinden, welche Faktoren zu ihrer Entstehung, ihrer Entwicklung und ihrer Explosion beitragen."*[36]

Diese Trennung in einen sozialwissenschaftlichen und einen militärwissenschaftlichen Aspekt der Kriegswissenschaft entspricht der Denkhaltung vieler ziviler Wissenschafter am Beginn des Kalten Krieges und nach dem erlebten Zweiten Weltkrieg. Das Militär wird hier als jener Teil angesehen, der zu erforschen hat, wie der Krieg zu führen ist, wenn er geführt werden muss. Die zivile Wissenschaft hingegen hat zu erforschen, ob es den Krieg überhaupt geben muss, oder nicht Möglichkeiten bestehen, ihn abzuschaffen, zu ersetzen, umzuwandeln usw. Dieser Ansatz mag möglicherweise zu jener Zeit seinen Sinn gehabt haben, angesichts der immer tieferen Vernetzung zwischen Militär

---

[34] Der Begriff des πολεμος umfasst „Krieg, Schlacht, Kampf, Streit" gleichermaßen. Vgl.: Gemoll, Wilhelm: Griechisch-deutsches Schul- und Handwörterbuch, Wien 1991, S. 615.
[35] Übersetzung Stupka: „Wir haben vorgeschlagen, um diese zwei Gesichtspunkte zu unterscheiden [Anm.: gemeint ist einerseits die militärwissenschaftliche Betrachtung des Krieges und andererseits die sozialwissenschaftliche], die sachliche und wissenschaftliche Erforschung von Kriegen als soziales Phänomen mit Polemologie zu benennen, da dies wie alles andere erforscht werden kann, und somit begründet diese Lehre ein neues Kapitel der Soziologie." (Bouthoul, Gaston: Les Guerres/Elements de Polémologie, Paris 1951, S. 8).
[36] Bouthoul, Gaston: Kindermord aus Staatsraison, Stuttgart 1972, S. 18.

und Zivilwelt im Rahmen der zivil-militärischen Zusammenarbeit und im Hinblick auf die heute stattfindenden Einsätze zur Friedenssicherung lassen sich diese beiden Aspekte nicht trennen. Demzufolge hat die wissenschaftliche Beschäftigung mit dem Krieg unter einer gemeinsamen Begrifflichkeit zu firmieren; die Bezeichnung „Polemologie" erscheint dafür in hervorragender Weise geeignet.

In Anlehnung an die Forderung Fichtes, dass Wissenschaft eine systematische Form habe und alle Sätze in einem Grundsatze zusammenhängen[37], lässt sich Folgendes aussagen:

„Die Polemologie untersucht Ursprünge, Ausprägungen, Funktionsweisen, Ziele und Methoden des Phänomens Krieg/Bewaffneter Konflikt inklusive der Möglichkeiten der Verhinderung und Einhegung desselben."

Hinsichtlich der systematischen Aufarbeitung soll dieser Satz der allgemeinen Definition von Wissenschaft, wie sie Rudolf Wohlgenannt aufgestellt hat, gerecht werden:

„[...] wir verstehen darunter einen widerspruchsfreien Beschreibungs- und Klassifikations- und/oder Begründungs- oder Ableitungszusammenhang von teils generellen, teils singulären, zumindest intersubjektiv prüfbaren, faktischen Aussagen, die einer bestimmten Reihe von Satzbildungsregeln entsprechen und den Satztransformationsregeln (logischen Ableitungsregeln) genügen."[38]

Zur Einordnung als Wissenschaftsdisziplin bzw. in eine solche, wird der Vorschlag von Gerhard Schurz aufgegriffen, wonach sich im Sinne einer Heuristik der Wissenschaften neun Disziplinen, kategorisiert nach ihrem Gegenstandsgebiet, ergeben. Dazu zählen die Wissenschaft (1) von der Natur, (2) von der Technik, (3) vom Menschen, (4) von der Gesellschaft, (5) von der Geschichte der Menschheit, (6) von den kulturellen (geistigen, sozialen) Schaffensprodukten des Menschen, (7) von formalen Strukturen, (8) von den allgemeinen Grundlagen der geistigen Welterfassung und schließlich (9) von Gott.[39] Wenn nun die Polemologie in diesem Rahmen verortet werden soll, dann ergibt sich das Problem der Zugehörigkeit dieses Wissenschaftsfeldes zu (4), (5) und (6), teilweise auch zu (3) und (8) – die Polemologie wäre daher eine Mischdisziplin, die interdisziplinär anzulegen wäre. Allerdings hat die Bedeutung des Behandlungsgegenstandes in jeder Disziplin unterschiedliches Gewicht, sodass es sinnvoller erscheint, jener Wissenschaft, die am unmittelbarsten mit der Betrachtung und den Auswirkungen des *Polemos* verbunden ist, die Polemologie unterzuordnen. Dies soll jedoch nicht als apodiktische Einordnung oder Abgrenzung verstanden werden, sondern vielmehr als heuristische Schwerpunktsetzung.

In besonderem Maße ist in diesem Sinne durch die enge Verknüpfung von Konflikt und Streitkräften das Militär gefordert, sich mit dem Phänomen des *Polemos* auseinanderzusetzen, um im Sinne des staatlichen Instruments die herangetragenen Aufgaben bewältigen zu können. Wie bereits dargelegt, ist das Militär nicht ein ursprünglich Ge-

---

[37] Vgl. Fichte, Johann Gottlieb: Über den Begriff der Wissenschaftslehre, Stuttgart 1972, S. 31.
[38] Zitiert in: Poser, Hans: Wissenschaftstheorie, Stuttgart 2001, S. 23.
[39] Vgl. Schurz, Gerhard: Einführung in die Wissenschaftstheorie, Darmstadt 2006, S. 32 f.

setztes, sondern wird mit der Entwicklung des Gemeinwesens zum Staat als dessen höchste Form der Streitkräfteentwicklung gedacht. Demzufolge sind die Militärwissenschaften nach obiger Einteilung in der Wissenschaftsdisziplin (6) „von den kulturellen (geistigen, sozialen) Schaffensprodukten des Menschen" einzuordnen, wie auch die Rechtswissenschaften, Sprachwissenschaften, Medienwissenschaften usw.[40] Die Polemologie ist daher vor allem als ein integraler Bestandteil der Militärwissenschaften zu betrachten und bildet damit eine ihrer Grundlagen, denn erst der *Polemos* als solcher generiert, wie bereits dargelegt, den Staat und mit ihm das Militär.

5.3 Die Strategie

Der Staat, so haben wir bereits festgestellt, setzt gezielte Handlungen und Maßnahmen, die ihm einerseits den Bestand innerhalb der Gemeinschaft mit anderen Staaten sichern und andererseits den inneren Frieden garantieren. Wir haben diese Handlungen allgemein als Politik bezeichnet und müssen nun daran gehen, diese zu spezifizieren, da es zahlreiche Handlungsfelder gibt, in denen der Staat tätig zu werden hat, um seinem Zweck gerecht zu werden. Hinsichtlich des Handelns in der Gesellschaft wird er zu diesem Behufe Sozialpolitik betreiben, zur Gesunderhaltung seiner Bürger und seiner natürlichen Ressourcen bzw. der daraus erfließenden Lebensqualität eine Gesundheits- und Umweltpolitik usf. Der Staat versucht also, mit seinem Handeln Sicherheit zu geben und sich selbst zu sichern und alle politischen Maßnahmen sind auf dieses Ziel ausgerichtet.

Allerdings gibt es, neben dieser Erzeugung von Sicherheit im Allgemeinen, eine Notwendigkeit der Herausbildung konkreter Sicherheiten im Inneren wie im Äußeren, gegen unmittelbare Bedrohungen durch Katastrophen, Kriminalität und alle anderen, dem Gemeinwesen feindlich gesonnenen oder allein durch ihre Anwesenheit schädigenden Kräfte, die dessen Existenz gefährden. Für diese Form der Sicherheit hat der Staat eine spezielle „Sicherheitspolitik" zu entwerfen, die als wesentlichster Bestandteil der Landesverteidigung anzusehen ist. Sicherheitspolitik lässt sich hinsichtlich ihrer Begrifflichkeit daher folgendermaßen fassen:

> „[...] *die institutionellen, prozessualen, und entscheidungsinhaltlichen Aspekte des sozialen (d. h. zweckhaft auf das Tun und Lassen anderer bezogenen) Handelns, das darauf gerichtet ist, Konflikte über Angelegenheiten der Sicherheit eines Gemeinwesens und seiner Bürger allgemeinverbindlich zu regeln."[41]*

Nun ergießt sich die Politik und damit auch die Sicherheitspolitik in Handlungen, die mehr oder weniger koordiniert die Sicherheit des Gemeinwesens gewährleisten sollen. Bedrohte der Feind das Land, so erschallte es unter den alten Griechen: „Ruft das Heer zusammen!" und alle gürteten ihre Rüstung, bewaffneten sich und zogen aus, um die

---

[40] Vgl. ebenda S. 33.
[41] Schmidt, Manfred G.: Wörterbuch zur Politik, Stuttgart 1995, S. 865.

Gefahr abzuwenden. An diesem archaischen Prinzip hat sich bis heute wenig geändert, auch wenn Vorkehrungen und Durchführung der Verteidigung einen Komplexitätsgrad erreicht haben, der nur mehr durch ein aufwendiges System institutioneller Einrichtungen, wie eben beispielsweise jener des Militärs, geführt werden kann. Für einen Einzelnen im Sinne des Feldherrn, der damals oberster politischer und militärischer Führer in Zeiten der Gefahr war, wäre dies heute nicht mehr überblickbar. Dennoch hatte dieser Feldherr damals schon eine gewisse Vorstellung, wie das Gemeinwesen gerettet werden sollte, er hatte einen Plan, der nicht erst mit dem Sammelruf der Truppen ersonnen worden ist, sondern es war dem Staat schon lange vorher daran gelegen, einen solchen Plan zu entwickeln, um im Anlassfalle handlungsfähig zu sein.

Jene, die dergleichen Pläne ersonnen und das Heer in die Schlacht führten, also die Heerführer oder Feldherren, wurden als Strategen bezeichnet, ein Wort, das aus dem Altgriechischen στρατός‛ (für: Heer) und αγω (für: führen) gebildet wurde. Der Plan der Durchführung zur Erhaltung der Existenz des Gemeinwesens wurde folglich als „Strategie" bezeichnet. Wir haben zu Beginn dieses Kapitels gesagt, dass sich einerseits der Staat als Handelnder vorfindet und ihm andererseits mit der bewaffneten Macht ein Instrument beigegeben ist, um Handlungen zur Gewährleistung der Sicherheit durchzuführen.

Für das sicherheitspolitische Handeln des Staates ist die Strategie jenes Bindeglied, das alle Teile des Staates in einem gemeinsamen Handeln, ein jeder auf seine Art, zu einer zielgerichteten Kraftanstrengung zusammenfügt. Der größte anzunehmende Fall einer Gefährdung des Gemeinwesens ist dessen Untergang oder Vernichtung, weshalb die Abwehr dieser Bedrohung die höchste Priorität zu genießen hat. Alle anderen möglichen Gefährdungen des Staates oder seiner Bürger reihen sich dahinter an, wobei sich die Prioritätenfolge dann aus der Wahrscheinlichkeit des Eintretens der Bedrohung ergibt. Strategie lässt sich daher wie folgt fassen:

„Strategie ist die planmäßige Vorbereitung und koordinierte Anwendung aller Mittel durch die Staatsführung und Ausnützung aller ihrer Möglichkeiten zur Wahrung der sicherheitspolitischen Ziele gegenüber allen Bedrohungen."[42]

Nun hat die Begrifflichkeit der Strategie seit ihrem ersten Erscheinen bei den antiken Griechen eine Entwicklung durchgemacht, die eine Auffaltung dieser mittlerweile äußerst komplexen Materie erforderlich macht, wobei sich das ursprüngliche Prinzip nicht verändert hat, wenn wir die Begrifflichkeit ausschließlich auf die obige Definition beziehen. Allerdings ist es in den letzten Jahren in Mode gekommen die Begrifflichkeit der Strategie auch für alle möglichen planerischen Tätigkeiten, die auf ein Ziel hin ausgerichtet sind, zu verwenden. So haben sich heute, insbesondere im Bereich des wirtschaftlichen Handelns, zusätzliche Begrifflichkeiten, wie Unternehmensstrategie, Verkaufsstrategie, Werbestrategie u. dgl. herausgebildet. Sie sind grundsätzlich als solche anzuerkennen, da sie nichts anderes beweisen als den Umstand, wie eng Handel, Konflikt und Krieg beieinander liegen. Allerdings ist damit eine Ausweitung des Strategie-

---

[42] Stupka, Andreas: Strategie denken, Wien 2008, S. 41.

begriffes erfolgt, die Verwirrung stiftet. Im Zuge dieser Untersuchung soll der Begriff Strategie ausschließlich in Beziehung auf staatliches Handeln in seinem weiten Spektrum verwendet werden.

Die Festlegung, dass die Strategie das Amalgam bildet zwischen dem Staat in der Gestalt der Politik einerseits und den staatlichen Instrumenten, die ihm zur Erreichung des Staatszwecks zur Verfügung stehen, andererseits, hat für die Strategie an sich eine ebensolche Zweckhaftigkeit erscheinen lassen, nämlich die Existenzsicherung des Staates.

Von großer Bedeutung erscheint in diesem Zusammenhang vor allem die Festlegung von Zielen, wonach sich die Strategie im Allgemeinen auszurichten hat, um den Zweck effektiv und effizient gleichermaßen zu gewährleisten. Für diese Aufgabe kehren wir an dieser Stelle wieder zum *Polemos* zurück, der immer dialektisch zwischen den beiden Polen der Liebe einerseits und des Hasses andererseits sich einmal dem einen und ein andermal dem anderen mehr zuneigt. Die Einhegung des *Polemos* im Rahmen des staatlichen Handelns bedeutet, ihn in der Hemisphäre der Liebe zu erhalten und die Strategie so auszurichten, dass ein Umschwenken in die Hälfte des Hasses vermieden wird. Es obliegt daher der Kunst des Politischen, die Staatsziele ohne Krieg zu erreichen. Hier besteht allerdings die eindimensional unauflösbare Schwierigkeit, dass wir den Krieg jederzeit wollen können. Daher ist es uns auch freigestellt, jederzeit aus welchen Beweggründen auch immer, eindimensional den Krieg zu beginnen. Für den Frieden aber gilt dies nicht. Der Frieden nämlich hängt nicht eindimensional von nur einem Konfliktpartner ab.

Es bedarf immer zweier Willen um den Frieden zu erhalten. Wenn also ein Gemeinwesen beschließt, sich kriegerisch gegenüber anderen zu verhalten, dann bleibt dem anderen nur übrig, entweder sich geschlagen zu geben und den Kriegführenden gewähren zu lassen, oder sich zu wehren. Erst mit dem Wehren des Angegriffenen beginnt der Krieg, weshalb auch überspitzt aber nichtsdestotrotz weniger logisch zu formulieren wäre, dass der Kriegsauslöser erst der Verteidiger ist und nicht etwa der Eroberer. Clausewitz bringt uns dies so dar:

> „*Der Krieg ist mehr für den Verteidiger als für den Eroberer da, denn der Einbruch hat erst die Verteidigung hervorgerufen und mit ihr den Krieg. Der Eroberer ist immer friedliebend (wie Bonaparte auch stets von sich behauptet hat), er zöge ganz gern ruhig in unseren Staat ein – damit er aber dies nicht könne, darum müssen wir den Krieg wollen und also auch vorbereiten […].*"[43]

Aus dieser Logik ergibt sich, dass am Frieden und dessen Erhalt ständig gearbeitet werden muss – er ergibt sich eben nicht von selbst, sondern muss durch den Menschen hervorgebracht werden, als die wichtigste Kulturleistung, die ein gedeihliches Miteinander ermöglicht. Nun kann es eine Weile gut gehen, wenn ein Schwacher den Starken davon zu überzeugen vermag, dass der Frieden gehalten werden sollte, aus verschiedenen Gründen: Zum Beispiel könnte ins Treffen geführt werden, dass die Freundschaft

---

[43] Vgl. Clausewitz, Carl von: a.a.O., S. 634.

zerbricht, dass auch der Starke leiden wird, wenn er Gewalt anwendet, dass aus mora-lisch-religiösen Gründen ein Krieg unlauter wäre usf. Dies ist alles richtig und dennoch ist es nur eine Frage der Zeit, wie lange es gelingt, einen solchen Schwebezustand auf-recht zu erhalten. Leichter geht es vor allem dann, wenn der Schwache nichts besitzt und sich ohnehin schon dadurch in einem gewissen Abhängigkeitsverhältnis gegenüber dem Starken befindet. Schwierig wird es, wenn der Schwache reich ist und Knappheit vorherrscht. Dann wird der Starke kaum zögern und sich das nehmen, was er will. Dies gilt im Prinzip so, und obwohl heute zahlreiche völkerrechtliche Mechanismen existie-ren, die dieses Prinzip nicht mehr so einfach umsetzbar erscheinen lassen, ist es den-noch gültig und nicht aufgehoben, sondern höchstens als sistiert zu bezeichnen. Mächti-ge und starke Staaten setzen sich auch heute durch und die Schwachen haben zu gehor-chen oder werden mit Krieg belegt.

Die Strategie ist also hinsichtlich ihrer Zielsetzung zunächst immer so auszurichten, dass sie den Krieg vermeidet, eben weil sie auf den Krieg vorbereitet ist. Der antike Kriegstheoretiker Publius Flavius Vegetius Renatus (Kurzform Vegez oder Vegetius) hat diese strategische Zielsetzung als Maxime staatlichen Handelns ausgegeben, um das Gemeinwesen in seinem Bestand zu erhalten:

„*Igitur qui desiderat pacem, praeparet bellum; qui victoriam cupit, milites im-buat diligenter; qui secundos optat eventus, dimicet arte, non casu. Nemo provo-care, nemeo audet offendere, quem intellegit superiorem esse, si pugnet.*"[44]

Es soll also der Gegner abgehalten werden anzugreifen, was auf den ersten Blick als eine sehr vernünftige Methode erscheint, die auch – vielfach praktiziert – ihre Erfolge gezeitigt hat. Allerdings birgt dieses Rüsten zur Erzielung einer „Abhaltewirkung" ge-wisse Gefahren in sich, die sich im Wettrüsten der beiden Machtblöcke während des 20. Jahrhunderts mehr als deutlich manifestiert haben. Peter Sloterdijk sieht diese Gefähr-dung daher dergestalt, dass es keinen „wirklichen" Frieden geben kann:

„*Wer sich bewaffnet, ist immer schon im Krieg. Dieser vollzieht sich de facto kontinuierlich in Intervallen von heißen und kalten Phasen, letztere fälschlich Frieden genannt. Frieden bedeutet, im polemischen Sinne gesehen, Rüstungszeit, d.h. Verschiebung der Feindseligkeiten auf Metalle; Krieg dementsprechend Einsatz und Konsum der Rüstungsprodukte, Verwirklichung der Waffen am Geg-ner.*"[45]

---

[44] Übersetzung: Wer also den Frieden sucht, der rüste zum Krieg! Wer den Sieg wünscht, der bilde die Solda-ten sorgsam aus. Wer günstige Ergebnisse begehrt, der kämpfe mit Kunst, nicht nach dem Zufall. Niemand wagt den herauszufordern, niemand den zu belästigen, von dem er weiß, dass er überlegen ist, wenn es zum Kampf kommt. Müller, Friedhelm L.: Vegetius; Abriss des Militärwesens lateinisch und deutsch; Stuttgart 1997, S. 106, Übersetzung, S. 107.
[45] Sloterdijk, Peter: Kritik der zynischen Vernunft, Bd. 2, Frankfurt am Main 1983, S. 649.

Dies bestätigt allerdings nur die Aussage Kants, dass der „ewige Friede", also die tatsächliche Abwesenheit von Krieg, eine Fiktion darstellt.[46] Dieses strategische Ziel kann keinen Absolutheitsanspruch hinsichtlich seiner Funktionalität stellen, aber es trägt dennoch dazu bei, zumindest für einen gewissen Zeitraum friedliche Verhältnisse zu erzeugen. Es obliegt in diesem Zusammenhang auch der Herausbildung und Qualität des Völkerrechts, über Verträge und Abmachungen Normen zu erzeugen, die ein Ausufern der Kriegsvorbereitungen hin zu einem Wettrüsten verhindern. – Garantien gibt es allerdings keine, weswegen aber die Vorbereitungen bzw. das Rüsten nicht grundsätzlich in Frage zu stellen sind, sondern vielmehr deren Umfänge. Es hat daher jedes Gemeinwesen eine Abhaltestrategie zur Kriegsverhinderung zu entwickeln, das Militär als bewaffnetes Instrument des Staates übernimmt dabei eine entscheidende Rolle.

Die Strategie, so haben wir festgestellt, ist nach ihrem jeweiligen Zweck einzuteilen, wobei sie immer als gemeinsame Anstrengung aller Teile des Staates (im Sinne seiner Instrumente) zu verstehen ist und sich damit als Gesamtstrategie manifestiert. Die wichtigste Gesamtstrategie ist die Verteidigungsstrategie, um dem Gemeinwesen in Zeiten äußerster Bedrohung seinen Bestand zu sichern. Alle Gesamtstrategien bestehen aus Teilstrategien, da jedes staatliche Handlungsfeld seinen Beitrag zum Gesamten zu leisten hat; erst durch diese Teilstrategien wird überhaupt eine Gesamtstrategie möglich. Jede Gesamtstrategie wird für einen bestimmten Zweck erarbeitet und unterliegt einer permanenten Aktualisierung. Fällt die Herausforderung oder Problemstellung weg, ist auch die dafür vorgesehene Strategie obsolet geworden. Die Gesamtstrategie und ihre jeweiligen Teilstrategien gehören unauflöslich zusammen und bilden im staatlichen Handeln die oberste Strategieebene ab.

Die Verteidigungsstrategie als wichtigste der Gesamtstrategien schließt den Einsatz des Militärs mit ein. Der eigenen Bevölkerung präventiv den Einsatz des Militärs aufzubürden ist jedoch immer auch ein Wagnis für die politisch Verantwortlichen. Es wird daher versucht werden, durch Verhandlungen, Drohgebärden und andere nichtmilitärische[47] Maßnahmen das politische Ziel zu erreichen, sodass es sich beim Einsatz des Militärs für die Erkämpfung des politischen Zieles tatsächlich um das letzte Mittel handelt. Im Rahmen der Verteidigungsstrategie ist daher auch eine Abhaltestrategie zu entwickeln, die mögliche Gegner bereits durch das „Zeigen der Waffen" von einem Aggressionsakt zurückstehen lässt. Für die Verwendung des Instrumentes Militär ist allerdings immer eine politische Vorgabe notwendig, die sich in Form der Strategie darlegt. Da beim Einsatz des Militärs im Rahmen des bewaffneten Kampfes durchwegs die Überlebensfrage für das Gemeinwesen implizit vorhanden ist und es sich demnach um die Verteidigung des Staates handelt, ist an erster Stelle der Leitlinien für das militärische Handeln die Verteidigungsstrategie zu nennen. Sie bildet gewissermaßen das Fundament, wonach sich das Militär des jeweiligen Staates in seiner grundsätzlichen Konfiguration auszurichten hat.

---

[46] Kant, Immanuel: Werke in 6 Bänden, Bd. 5, Die Religion innerhalb der Grenzen der bloßen Vernunft/Die Metaphysik der Sitten, Köln 1995, S. 422.
[47] Militärisch hier im Sinne des bewaffneten Kampfes.

Die Verteidigungsstrategie legt daher fest, wie und in welcher Form der Staat und seine Bürger zu beschützen sind. Damit verbinden sich auch eine räumliche Zuordnung, finanzielle Aspekte und zeitliche Komponenten, um für die Erarbeitung der Teilstrategien Planungshorizonte und Rahmenbedingungen zu eröffnen. Im Rahmen dieser Verteidigungsstrategie ist auch zu bestimmen, wie sich die Wehrhaftigkeit des Gemeinwesens ausformen soll. Zur Spezialisierung der Verteidigungsrichtlinien ist daher eine Wehrstrategie zu entwickeln, die vorgibt, wer nun tatsächlich die Landesverteidigung wahrzunehmen hat: Sind dies beispielsweise alle Bürger des Staates oder nur dessen männliche Bevölkerung oder eine ausgewählte Kriegerkaste oder für diese Zwecke angeheuerte Nichtstaatsbürger.

Die Verteidigungsstrategie und ihre Wehrstrategie bilden dann die Basis für die eigentliche Aufstellung des Instrumentes Militär an sich, das wiederum hinsichtlich Organisation und Aufgabenstellung einer eigenen strategischen Ausrichtung bedarf, wie das Instrument Militär zu konfigurieren ist, um den Anforderungen der staatlichen Sicherheitspolitik gerecht werden zu können. Diese Art Strategie ist also hierarchisch unterhalb der Verteidigungsstrategie und der damit unmittelbar verknüpften Wehrstrategie angesetzt und wird als Militärstrategie bezeichnet. Unter Wehrstrategie soll daher jene planerische Tätigkeit und koordinierte Anwendung der staatlichen Mittel für die erfolgreiche Umsetzung der Verteidigungsstrategie verstanden werden, welche die effiziente Personalrekrutierung für die bewaffnete Macht im Allgemeinen und für das Militär im Besonderen im Rahmen eines für die jeweiligen sicherheitspolitischen Rahmenbedingungen zu etablierenden Wehrsystems ermöglicht. Das Wehrsystem bildet daher die Umsetzung der Wehrstrategie ab und definiert sich im engeren, rein verwaltungstechnischen Sinne als ein *„Verfahren der Rekrutierung von Personal für Streitkräfte"*[48].

5.3.1 Die Militärstrategie

Ausgehend von Verteidigungsstrategie und Wehrstrategie kommt nun das Instrument des Militärs selbst ins Spiel. Die Staatsführung hat dem Militär Vorgaben zu machen hinsichtlich seiner Entwicklung, Organisation und Ausrichtung – angepasst an die jeweiligen Notwendigkeiten, die sich aus den strategischen Ableitungen für die Erhaltung des Staatsganzen ergeben haben. Wenn die Politik den Streitkräften Zielsetzungen vorgibt, dann trifft dies zunächst die oberste militärische Führungsebene, die sich mit diesen Zielsetzungen zu befassen hat. Ihr obliegt es dann zu beurteilen, wie mit den vorgegebenen Rahmenbedingungen die militärische Teilstrategie zu den Gesamtstrategien bewerkstelligt werden soll. Dies bedeutet aber auch, dass diese Führungsebene als Fachebene die Politik zu beraten hat, wie das Instrument Militär für ganz spezielle Situationen und Bedrohungen zu gestalten ist, um diesen effizient und effektiv entgegnen zu können. Dieser Entscheidungs- (von Seiten der Politik) und Beratungsprozess (von Seiten der Militärführung) soll ein dynamischer sein, der permanent stattfindet, und eine Interpolation zwischen Wünschenswertem und Machbarem bilden. Die Zusammenar-

---

[48] Buchbender, Ortwin u.a.: Wörterbuch zur Sicherheitspolitik, Herford 1992, S. 156.

beit zwischen Politik und Militär ist daher nicht als Einbahnstraße von oben nach unten zu sehen, sondern als ein Zweiweg-Kommunikationsprozess mit Rückmeldungen, Kontrollschritten und Beratungstätigkeiten.

Ein solcher Prozess bewegt sich jedoch nicht nur zwischen Politik und Militär hin und her, sondern er hat auch die sicherheitspolitischen Entwicklungen, die wissenschaftlichen Fortschritte und die gesellschaftlichen Neugestaltungen zu berücksichtigen und mit einzuplanen.

> *„Entsprechend den politischen Kriegszielen ist es Aufgabe der Militärstrategie, die Gesetzmäßigkeiten des bewaffneten Kampfes auf Grund einer theoretischen Analyse der in Kampfhandlungen von strategischem Ausmaß gesammelten Erfahrungen unter Berücksichtigung des augenblicklichen Standes des Militärwesens zu untersuchen."[49]*

In diesem Prozess des militärischen Planens im strategischen Rahmen, der der obersten militärischen Führungsebene zukommt, wird daher einerseits die Militärstrategie in Zusammenarbeit mit der Politik erarbeitet und andererseits werden die militärstrategischen Zielsetzungen für den Bereich des Militärs als Handlungsanleitungen umgesetzt. Aus diesem Grunde ist die oberste militärische Führungsebene als militärstrategische Führungsebene zu bezeichnen. Im Allgemeinen wird diese Führungsebene als „Generalstab" tituliert.

5.3.2 Strategie als Wissenschaft

Aus dem bisher Gesagten ist zu erkennen, dass es sich bei der Strategie als Gegenstand zunächst um eine planerische Tätigkeit handelt, die zur Bewältigung eines bestimmten Problems auf staatlicher Ebene eine Vorgehensweise festlegt und diese im Anlassfall anwendet, wobei es zu beachten gilt, dass die Planungen auf die sich möglicherweise permanent ändernde sicherheitspolitische Situation abzustimmen sind. Innerhalb dieser staatlichen Führungsaufgabe zur Existenzsicherung des Gemeinwesens finden wir zwei, in einer hierarchischen Beziehung stehende, strategische Ebenen vor: einerseits auf der oberen Stufe die des Souveräns, als die Entscheidungs- und Koordinierungsebene, und andererseits auf der unteren Stufe die Expertenebene, als Arbeitsebene nach oben und als Entscheidungs- und Umsetzungsebene nach unten. Unterhalb der strategischen Ebene finden sich in allen staatlichen Bereichen weitere Führungsebenen, die mit der Umsetzung der Vorgaben der jeweils höheren Ebenen befasst sind und zugleich Entscheidungsebenen nach unten abbilden.

Für den militärischen Bereich sprechen wir von der „Operativen Führungsebene" als jener, die unmittelbar auf die strategische Ebene folgt und die Militärstrategie auf ihrer obersten Stufe umsetzt. Diese Führungsebene „operiert" auf dem „Kriegsschauplatz", schlägt erforderlichenfalls die „Schlacht" oder führt „Einsätze" durch, wie dies in den

---

[49] Sokolowski, W. D.: Militär-Strategie, Köln 1969, S. 59.

gegenwärtigen Friedensoperationen sehr deutlich zum Ausdruck gebracht wird. Das Besondere an der Operativen Führungsebene ist ihre Zwitterstellung im Militär zwischen Strategie und Truppe. Während die militärstrategische Ebene das enge Wechselspiel mit der Politik zu betreiben hat und die politischen Vorgaben in militärisch machbare Konzeptionen umsetzen muss, ist die Operative Führungsebene dazu bestimmt, militärstrategische Planungen und Weisungen durch konkretes militärisches Handeln wirksam werden zu lassen. Dazu ein Beispiel: Die politisch-strategische Ebene gibt im Rahmen der Wehrstrategie die Dauer des Wehrdienstes vor. Ebenso wird der Grad der Verwendungsfähigkeit des in diesem Zeitraum ausgebildeten Soldaten festgelegt. Die militärstrategische Ebene setzt diese Vorgaben um, indem sie auf militärwissenschaftlichen Forschungen basierende Curricula für die Ausbildung der Truppen und die Konfiguration der Streitkräfte erlässt. Aufgabe der Operativen Führungsebene ist es nun, die militärstrategischen Vorgaben in militärisches Handeln umzusetzen und die Heranbildung der Truppen zu ermöglichen.

Um dies bewerkstelligen zu können bedient sich die Operative Führungsebene der so genannten „Taktischen Führungsebenen", die das „Militärhandwerk" vollführen bzw. im Einsatz die bereits dargelegten „Gefechte" durchführen. Die Taktischen Führungsebenen sind reine Durchführungsebenen, während die Militärstrategische und die Operative Führungsebene zusätzlich als Translationsebenen zu begreifen sind. Mit der Operativen Führung beginnt daher die Ebene der so genannten „Truppenführung", die sich nach unten hin über mehrere taktische Führungsebenen bis zum einzelnen Soldaten fortsetzt.

Die bisherigen Analysen bringen zum Ausdruck, dass es zur Bewerkstelligung strategischer Planungen umfangreicher wissenschaftlicher Expertise bedarf, die die Grundlage für alles strategische Handeln bilden muss. Aus diesem Grund wird strategisch-politische Forschung im Sinne der allgemeinen Bestrebungen zur Existenzsicherung des Gemeinwesens im Bereich der politischen Philosophie und der Staatswissenschaften anzusiedeln sein. Zusätzlich muss in allen Expertenfeldern strategische Forschung betrieben werden, um zielgerichtete Planungen zur Bewältigung von Bedrohungen anstellen zu können. Diese Forderungen sind keineswegs neu, sondern sollten lediglich zur neuerlichen Bewusstmachung hier wiederholt werden. Bereits im Altertum wurden solcherart Fragen behandelt und Zuweisungen vorgenommen, wie wir dies beispielsweise bei Aristoteles vorfinden:

„Man wird wohl an die wichtigste und leitende Wissenschaft denken wollen. Dies scheint die politische Wissenschaft zu sein. Denn sie bestimmt, welche Wissenschaften in den Staaten vorhanden sein müssen, welche ein jeder lernen muss und bis zu welchem Grade man sie lernen muss. Wir sehen auch, dass die angesehensten Fähigkeiten ihr untergeordnet sind: Strategik, Ökonomik, Rhetorik und andere."[50]

---

[50] Aristoteles: Nikomachische Ethik, München 1995, 1094 a 25, S. 106.

Dies gilt nun für alle Gesamtstrategien, wobei, wie bereits festgelegt, der Gesamtstrategie in sicherheitspolitischer Hinsicht der höchste Stellenwert zukommt, da von ihr das Überleben des Staates als solchem abhängt. In diesem Rahmen spielt das Instrument der bewaffneten Macht eine besonders herausragende Rolle, weshalb gerade die Militärstrategie eines wissenschaftlichen Fundamentes bedarf. Ohne gezielte wissenschaftliche Forschung und Entwicklung in diesem Bereich ist die Führung des Instrumentes Militär einerseits und die Beratung der politisch-strategischen Ebene andererseits nicht entsprechend durchführbar. Erst durch wissenschaftliche Beschäftigung mit Strategie und Militär kann das Risiko in der sicherheitspolitischen Entscheidungsfindung in hohem Ausmaß ausgeschaltet und der grundsätzlichen Zielsetzung der Existenzsicherung des Gemeinwesens in angemessener Weise entsprochen werden. Und hier noch einmal Aristoteles, der die Notwendigkeit von wissenschaftlicher Forschung und Entwicklung auf den Punkt bringt:

> *„Da es nun viele Handlungen, Künste und Wissenschaften gibt, ergeben sich auch viele Ziele: Ziel der Medizin ist die Gesundheit, der Schiffsbaukunst das Schiff, der Strategik der Sieg, der Ökonomik der Reichtum."*[51]

Die Strategiewissenschaft oder „Strategik" als die Lehre von und über die Strategie, wie sie bereits seit den Zeiten des Aristoteles bezeichnet wird, ist als wissenschaftliche Beschäftigung mit der Strategie und dem strategischen Handeln zu verstehen. Da in allen gemeinwesentlichen Planungs- und Handlungsanlagen strategisches Denken von entscheidender Bedeutung für die erfolgreiche Entwicklung für Problemlösungen bzw. vorbeugende Maßnahmen darstellt, generiert sich die Strategik als eine Grundlagenwissenschaft, die transdisziplinär anzulegen ist. Transdisziplinarität soll in diesem Zusammenhang verstanden werden:

> *„Als Überschreiten und eventuelles Auflösen disziplinärer Zuständigkeiten durch Wissenschaftler verschiedener Disziplinen gemeinsam mit wissenschaftsexternen Anwendern. [...] Dem liegt eine Vision des finalen Abschüttelns aller disziplinären Zuordnungen zugrunde. Probleme, Forschungsfragen, Methoden, Wissenschaftler, Anwender, durch die Ergebnisse Betroffene werden in einer, die wissenschaftlichen Grenzen überschreitenden Synthese integriert."*[52]

Zielsetzung der Strategik ist es, Strategie zu ermöglichen, d. h., all jene Grundlagen auf wissenschaftlicher Basis bereitzustellen, um strategische Planungen und die daraus erfließenden Handlungen erfolgreich setzen zu können. Es geht also darum, in einer bedrohlichen Situation erfolgreich zu bestehen bzw. zu überleben. Alle zu diesem Zweck im Vorhinein gesetzten langfristigen Planungen, Handlungen und Vorbereitungen sind strategischer Natur und sollen im Anlassfall den Erfolg zeitigen, also den Sieg bringen, wie dies Aristoteles als Zielsetzung für die Strategik feststellt.

---

[51] Aristoteles: Nikomachische Ethik, München 1995, 1094 a 5, S. 105.
[52] Neumeier, Reinhard: Interdisziplinäres Forschen. Frankfurt am Main 2008, S. 20.

Wenn wir nun daran gehen für dieses umfangreiche und transdisziplinär anzulegende Wissenschaftsfeld eine Einteilung zu treffen, dann hat dies in zwei Bereichen zu erfolgen. Der erste Bereich betrifft die Transdisziplinarität, wonach die Strategik in allen Bereichen staatlichen Handelns als Wissenschaftsfeld vorhanden ist. Damit bildet sie eine Teildisziplin der Politikwissenschaften und der Staatsphilosophie, und zwar insbesondere für den Bereich der Sicherheitspolitik. Aber auch alle anderen Politikfelder sind mit der Strategik im Sinne effizienten politischen Handelns im jeweiligen Bereich zu belegen, beispielsweise hat zur Konfiguration von Wirtschaftspolitik eine Wirtschaftsstrategie erarbeitet zu werden.

Den dritten großen Bereich, worin die Strategik zu verorten ist, stellen die Militärwissenschaften dar, da, wie bereits dargestellt, einerseits der engen Verknüpfung von Staatsführung und Militär zur Existenzsicherung des Gemeinwesens eine herausragende Bedeutung zukommt, und andererseits das Militär als System einen Betrieb bildet, der nach strategischen Richtlinien geführt und ausgerichtet werden muss. Aus dieser Sonderstellung heraus ergibt sich die wissenschaftliche Forschung und Entwicklung von Strategien für die Führung und Konfiguration des Militärs, die konsequenterweise dann als Militärstrategik zu bezeichnen ist.

Für den Bereich der Transdisziplinarität sind daher drei Arbeitsfelder der Strategik zu formulieren, die gleichwertig nebeneinander Bestand haben, nämlich die politische Strategik, die Unternehmensstrategik und die Militärstrategik. Da die politische Strategie als ihren Hauptzweck die Existenzerhaltung des Gemeinwesens zu beinhalten hat, ist innerhalb der Lehre dem Bereich der Sicherheitspolitik und der Landesverteidigung eine vorrangige Stellung einzuräumen, weshalb sich politische Strategik insbesondere mit Verteidigungs- und Wehrstrategie zu beschäftigen hat. Dies bildet, systemtheoretisch gesehen, auch die Schnittmenge mit der Militärstrategik, von wo aus wesentliche Impulse im Sinne der Politikberatung ausgehen müssen, um dieses Themenfeld entsprechend wirkungsvoll abbilden zu können.

6 Das System Militärwissenschaften

„Die Wissenschaft sei ein Gebäude; der Hauptzweck derselben sei Festigkeit. Der Grund ist fest, und so wie dieser gelegt ist, wäre der Zweck erreicht. Weil man aber im bloßen Grunde nicht wohnen, durch ihn allein sich weder gegen den willkürlichen Anfall des Feindes, noch gegen die unwillkürlichen Anfälle der Witterung schützen kann, so führt man auf denselben Seitenwände, und über diesen ein Dach auf. Alle Teile des Gebäudes werden mit dem Grunde, und unter sich selbst zusammengefügt, und dadurch wird das Ganze fest; aber man baut nicht ein festes Gebäude, damit man zusammenfügen könne, sondern man fügt zusammen, damit das Gebäude fest werde; und es ist fest, in so fern alle Teile desselben auf einem festen Grunde ruhen.“[53]

Johann Gottlieb Fichte

Der Schutz des Staates soll durch das Instrument der bewaffneten Macht gegeben sein – dies ist der Anspruch, den der Bürger an das Militär stellen muss. Der Staat ist der Wille des Bürgers, geformt als Kollektiv, zu dem einzigen Zweck, die Sicherheit und Zufriedenheit zu gewährleisten. Aus diesem Zweck abgeleitet hat der Staat das Militär zu generieren, da er ansonsten nicht Staat sein kann. Das Militär muss in seiner Konfiguration, Organisation und Ausrichtung den Intentionen des Staatsganzen entsprechen und seinen Schutz gewährleisten können, wie General Michail Wassiljewitsch Frunse, einer der ersten sowjetischen Feldherren und Reorganisator der Roten Armee, dies formuliert:

„Das gesamte Militärwesen eines gegebenen Staates ist die Widerspiegelung seiner gesamten Lebensweise und letzten Endes seiner ökonomischen Lebensform als der Urquelle aller Kräfte und Ressourcen.“[54]

Um diesen Anspruch erfüllen zu können bedarf es der Ausarbeitung spezieller, auf den einzelnen Staat angepasster Vorgehensweisen und Richtlinien, wie das Militär im besonderen individualstaatlichen Zusammenhang gestaltet sein muss. Diese konkreten Ausformungen bilden jedoch nicht eine Klasse sui generis, sondern bedürfen vielmehr allgemeiner Grundlagen und Erkenntnisse, die sich dann auf die konkreten staatlichen Bedürfnisse umlegen lassen und in der oben erwähnten jeweiligen Militärlehre ihre besondere Ausprägung finden. Jedem Staat ist in seiner speziellen Ausformung daher eine bestimmte Militärkultur eigen, die sich auf eine damit verbundene Militärlehre beruft, also ein Regelwissen. Dem Ganzen zu Grunde allerdings liegt jene Ebene des Metawissens, das sich staatenübergreifend als Wissen über Staat, Krieg, Militär und militärische Führung darbietet und in der Wissenschaftsdisziplin der Militärwissenschaften zusammengefasst wird.

---

[53] Fichte, Johann Gottlieb: Über den Begriff der Wissenschaftslehre, Stuttgart 1997, S. 35.
[54] Zitiert in: Krupnow S. I.: Dialektik und Militärwissenschaft, Berlin (Ost) 1965, S. 22.

6.1 Die Theorie der Militärwissenschaften

Dabei ist es nicht zweckmäßig, sich bei der Forschung und Entwicklung im Bereich der Militärwissenschaften auf die bloße Sammlung und Beschreibung militärischer Phänomene zu konzentrieren. Zur umfassenden Darstellung dieser für das staatliche Sein notwendigen Erkenntnisse müssen die Kategorien von Ursache und Wirkung, Materielles und Immaterielles, Allgemeines und Besonderes, Abstraktes und Konkretes, Wesen und Erscheinung ebenso gezeigt werden wie die Ursachen der Erscheinungen und die daraus ableitbaren wesentlichen Zusammenhänge.[55] Zu diesen wesentlichen Kategorien kommen noch die Anforderungen des stringenten wissenschaftlichen Denkens hinzu, die es möglich machen sollen, die jeweils richtige und den Umständen entsprechende Zugangsweise im Rahmen des militärischen Einsatzes zu finden. Dies begründet sich, neben aller Zweckrationalität, alleine schon auf die Tatsache, dass bei einem militärischen Einsatz im äußersten Falle Menschleben zur Aufopferung für das Gemeinwesen unabdingbar sind und daher deren Zahl im Selbstverständnis politisch verantwortungsvoller Handlungen möglichst gering gehalten werden soll. In diesem Zusammenhang der Fragen von Aufopferung für den Staat, Loyalität der bewaffneten Macht gegenüber der Politik und patriotischer Gesinnung werden all jene Aspekte der Ethik schlagend, die zu einem gelungenem Leben in Harmonie; Freiheit und Zufriedenheit beitragen.

Aus dem Gesagten ergibt sich für die Militärwissenschaften ein erster Anknüpfungspunkt im wissenschaftlichen Spektrum, der auf philosophischen Grundlagen basiert und daraus seine Begründungsdimension militärischen Handelns ableitet. Hinsichtlich eines Systembaus im Rahmen der Militärwissenschaften wäre dies der fundamentalphilosophische Teil, der allen weiteren Überlegungen zugrunde zu legen wäre. Er untersucht die Metaphysik staatlichen Seins im Sinne der Zusammenschließung zum Überleben, das Wesen des Militärischen sowie die Dialektik von Staat und Militär in ihren jeweiligen Erscheinungsformen und Epochen. Letzteres zielt auf die bestehenden Wechselwirkungen und Entwicklungen in ökonomischer, ökologischer, gesellschaftlich-kultureller und politisch-ideologischer Hinsicht, die wesentliche Einflussgrößen für das militärische Selbstverständnis und die Umlegung in konkretes militärisches Handeln darstellen. Zusammengefasst wäre dieser Teilbereich als „Philosophie der Militärwissenschaften" zu kategorisieren. Forschungsleitendes Interesse ist die systematische Gewinnung von relevanten Aussagen über die spezifische Bestimmung des Militärs, die primär in der bewaffneten Wehrleistung für den Staat und im weiteren Sinne für das Gemeinwesen besteht.

Die logisch-analytischen Vorgehensweisen zur Entwicklung von Ansätzen und Mechanismen zur Problemlösung im Kontext des bewaffneten Schutzhandelns für den Staat erfordern die Schaffung und Bereitstellung einer Methodologie innerhalb der Militärwissenschaften, die ein vorausschauendes Planen und eine effiziente Durchführung militärischen Handelns ermöglicht. Die wissenschaftstheoretische Aufbereitung von Möglichkeiten zur Entwicklung einer in sich schlüssigen Methodologie zählt daher zu den wesentlichen Ansprüchen an das militärwissenschaftliche Arbeiten. Zusätzlich

---

[55] Vgl. Krupnow S. I.: Dialektik und Militärwissenschaft, Berlin (Ost) 1965, S. 28.

sind für den Bereich der interdisziplinären Forschung, die, wie bereits gezeigt, im Besonderen für die Militärwissenschaften Bedeutung erlangt, jene militärspezifischen methodologischen Erfordernisse in den jeweiligen Fachdisziplinen herauszuarbeiten. Dieser fundamentale Teilbereich wäre als „Methodologie der Militärwissenschaften" zu bestimmen. Dabei gilt es zu beachten:

> *„Die wissenschaftliche Methodologie übernimmt nicht die Lösung konkreter Fragen der militärischen Theorie und Praxis und kann dies auch nicht. Ihre Aufgabe besteht darin, die Hauptwege zur Untersuchung der jeweiligen militärischen Fragen zu weisen, die Erkenntnismethoden festzulegen und zu werten, die Prinzipien der Erkenntnistätigkeit zu vermitteln und zu helfen, fehlerhafte metaphysische und idealistische Schlussfolgerungen, falsche militärtheoretische Konzeptionen zu vermeiden."[56]*

Für die Ergründung richtigen militärischen Handelns erscheint die dialektische Methode als zielführend, die durch ihr ständiges Hin-und-her-Pendeln zwischen Aussage und ihrer Negation, also durch ein permanentes Abwägen der Umstände und Möglichkeiten zu immer neuen, der jeweiligen Situation angepassten, synthetisierten Lösungen gelangt. Bereits Clausewitz in seiner Betrachtung des Phänomens des Krieges wendet diese Methode an, um das Ganze in seiner Differenzierung fassen zu können, wie dies Werner Hahlweg darlegt:

> *„Die moderne dialektische Methode, wie sie Clausewitz in seiner Theorie des Krieges neben der formellen und materiellen Logik anwendet, führt praktisch zu relativierenden, elastisch und grundsätzlich kritisch gehaltenen Aussagen. Weiters zur Berücksichtigung jedes Sonderfalles und zu dem Prinzip, die Aussage jeweils in Satz und Gegen-Satz zu fassen, um am Ende zur überwölbenden Synthese zu gelangen; alles letzthin in größerem Seinszusammenhang zu sehen, vor dem dann der Einzelvorgang oder das Einzelproblem jeweils ihre zweckvolle Einordnung und damit ihren wahren Stellenwert erfahren. Die dialektische Methode bedeutet zugleich eine entschiedene Absage an die Aufstellung starrer Regeln; sie verhindert, dass Einzelfragen oder -züge unzutreffend überbewertet werden und damit letztlich zu falschen, den Proportionen der Wirklichkeit nicht entsprechenden Aussagen der Theorie führen. Mit einem Wort: die Anwendung der philosophischen Methode, d. h. hier von den Regeln der Logik und Dialektik, verhelfen der Theorie einmal zu folgerichtigem Gedankenaufbau im Sinne der Ganzheit, zum anderen zu relativierenden, kritisch-differenzierenden Aussagen, die einen Vorgang, ein Ereignis oder ein Problem grundsätzlich in den Gesamtzusammenhang von der Sache her einordnen und von dort her bewerten oder einschätzen."[57]*

---

[56] Schawrow, I.J.; Galkin, M.I.: Methodologie der militärwissenschaftlichen Erkenntnis, Berlin (Ost) 1980, S. 21.
[57] Hahlweg, Werner: Militärwesen und Philosophie/Zur Genesis der methodischen Grundlagen des Werkes „Vom Kriege" des Generals von Clausewitz. In: Österreichische Militärische Zeitschrift 5/1976, S. 396.

Von der Notwendigkeit der Militärwissenschaften

Die beiden eben dargestellten Teilbereiche sind für alle weiteren Ansätze grundlegend und bilden daher das Fundament militärwissenschaftlichen Arbeitens. Um diese beiden Bereiche besonders zu kennzeichnen und als Vorbedingung für alle nun folgenden Teilbereiche hervorzuheben, sind diese unter einer Klammer mit der Bezeichnung „Theorie der Militärwissenschaften" zusammenzufassen. Gegenstände dieser Teildisziplin sind die systematische Begriffserklärung und die Erschließung der Begründungsdimension militärischen Handelns sowie die Entwicklung der Methodologie der Militärwissenschaften.

Als Querschnittmaterie, die den gesamten Bereich der Militärwissenschaften durchzieht, manifestiert sich die Disziplin der „Militärgeschichte" oder „Geschichtswissenschaft im Militär". Der Gegenstand der Militärgeschichte ist die systematische Gewinnung von anwendungsorientierten Erkenntnissen aus der historischen Entwicklung des Militärwesens, um durch Vergleiche Lehren für die zukünftige Konfiguration und den Einsatz der Streitkräfte ableiten zu können. Da sie in erster Linie aber eine Teildisziplin der Geschichtswissenschaft darstellt, erkennen wir in der Militärgeschichte eines jener bereits erläuterten Forschungsfelder die nicht ausschließlich für die Militärwissenschaften von Relevanz sind und daher überlappend mit anderen Wissenschaftsdisziplinen in ihrem vollem Umfang zu erfassen sind:

„Militärgeschichte als Teildisziplin der allgemeinen Geschichtswissenschaft steht neben solchen Disziplinen wie Wirtschafts- und Sozialgeschichte, Technikgeschichte oder Genderstudies. Historische Phänomene lassen sich nie allein durch Untersuchung ihrer militärischen Dimension erklären, aber viele historische Phänomene lassen sich nicht ohne diese Dimension verstehen. Wie andere Teildisziplinen des Faches erfordert auch die Militärgeschichte spezielle Kenntnisse und Methoden. Mit diesen leistet sie einen Beitrag zum umfassenden Verständnis der Vergangenheit."[58]

Für das wissenschaftliche Verständnis im ehemaligen Ostblock liest sich die Zuordnung der so genannten „Militärgeschichtswissenschaft" so:

„Die Militärgeschichtswissenschaft ist Teil der Geschichtswissenschaft, der die Entwicklung des Militärwesens und der Kriegsführung untersucht, um die dieser Entwicklung zugrunde liegenden Gesetzmäßigkeiten aufzudecken und deren Durchsetzung in der Vielfalt der Ereignisse erkennbar zu machen. [...] In der Methodik und in der Ausnutzung von Hilfswissenschaften unterscheidet sich die Militärgeschichtswissenschaft nicht grundlegend von der allgemeinen Geschichtswissenschaft. Einige Bestandteile der Militärgeschichtswissenschaft (Geschichte der Kriegskunst, der Streitkräfte, des militärischen Denkens) gehören zugleich zur Militärwissenschaft."[59]

---

[58] Neugebauer, Karl-Volker: Grundkurs deutsche Militärgeschichte, Band 1, Die Zeit bis 1914/Vom Kriegshaufen zum Massenheer, München 2006, S. XV.
[59] Deutscher Militärverlag (Hrsg.): Militärlexikon, Berlin (Ost) 1971, S. 248.

Eben diese Bestandteile sind es, die für die gesamten Militärwissenschaften von essentieller Bedeutung sind, sodass diese Wissenschaftsdisziplin am Besten im Rahmen der Theorie angesiedelt erscheint, um von hier aus in alle anderen Bereiche ausstrahlen zu können. Dabei hat sie jedoch nicht nur auf die allgemeine Streitkräfteentwicklung und Kriegs- bzw. Gefechtsführung über die Methode des Vergleiches einen unmittelbaren Einfluss, sondern auch auf militärische Traditionspflege, Militärkultur und alle anderen Themenfelder, die den Bezug zur historischen Entwicklung und Sozialisation des Militärwesens herzustellen haben.

6.2 Die Polemologie

Neben dieser auf das Wesen des Militärs und seiner Grundlegung Bezug nehmenden theoretischen wissenschaftlichen Aufarbeitung, ist in einer eigenen Disziplin die Metaphysik des Krieges zu behandeln, seine Wurzeln und soziologischen Aspekte, wobei es darauf ankommen muss, dem Staat Instrumente in die Hand zu geben, um kriegerische Entwicklungen inner- und außerhalb des Gemeinwesens rechtzeitig zu erkennen und Maßnahmen zum Erhalt des Gemeinwesens setzen zu können.

In diesen Bereich fällt beispielsweise die Analyse der Gewaltdimension im menschlichen Handeln und im zwischenmenschlichen Verkehr, welche die dem Menschen immanente Konfliktualität zur Entäußerung zu bringen vermögen. Daraus erfließt die Erforschung der Konflikte und Konfliktursachen innerhalb der Gesellschaft und in weiterer Folge die Kriegsursachenforschung im Verkehr zwischen den Gemeinwesen oder Staaten. Hiermit erfolgt auch die Einteilung der Kriege und Konflikte in bestimmte Kategorien und die daraus ableitbaren militärischen Vorgangsweisen, da es hinsichtlich der Durchführung einer Operation einen wesentlichen Unterschied macht, ob ein konventioneller Krieg gegen Streitkräfte, ein Einsatz im Rahmen von Friedensoperationen oder gegen Kleinkriegskräfte oder Terroristen geführt werden muss.

Grundsätzlich können wir hinsichtlich einer solchen Einteilung, wie bereits erwähnt, den konventionellen Krieg zwischen symmetrisch gestalteten Streitkräften, also den im Rahmen des Kriegsvölkerrechts eingehegten Krieg, und die davon abweichenden Typen des Krieges unterscheiden. Ihr Kennzeichen ist die asymmetrische Gestaltung der jeweiligen Gegner im Hinblick auf Zielsetzung und Wahl der Mittel. Treffen dergestalt Kräfte aufeinander, so begegnen sie einander nicht in der offenen Feldschlacht, sondern operieren mit kleinen Einheiten immer aus dem Verborgenen; sie meiden die offene Konfrontation mit dem militärisch überlegenen Gegner, sondern versuchen vielmehr über psychologische Kampfführung, Zermürbung, Überfälle und Hinterhalte, Terrorangriffe usw. den Sieg zu erringen, wobei die Bevölkerung im Rahmen derer sich diese Kampfhandlungen abspielen als Unterstützer gewonnen werden muss, um erfolgreich sein zu können. Eben aufgrund dieser kleinräumig strukturierten Art der Kriegsführung sprechen wir auch vom Kleinen Krieg, dessen Wesen folgendermaßen zu charakterisieren ist:

*„[...] gerade das militärische Ziel im Kleinen Krieg besteht darin, den Feind da-
von zu überzeugen, dass er politisch nicht vorankommt, d. h. die Volksmassen
nicht auf seine Seite ziehen kann. Im Lichte dieser Gesichtspunkte wäre der
Kleine Krieg dann eine Kriegsart, bei der das zentrale militärische Ziel ausge-
sprochen politischer Natur ist. Umgekehrt: Die politischen Zielsetzungen im
Kleinen Kriege werden auch darin bestehen, dem Gegner klar zu machen, dass
er mit militärischen Mitteln nicht zum Ziele kommt. In diesem Zusammenhang
spielt dann die Tatsache eine Rolle, dass sich der Kleine Krieg ebenso intensiv
auf dem militärischen Kampffeld, d. h. im Gelände aller Art, wie im Bereich der
Gesellschaft abspielt, zudem Opfer, letzte Hingabe an die Sache von der Bevölkerung in einem Ausmaß verlangt, wie dies im konventionellen Krieg undenkbar
wäre.*[60]

Aus dem oben Gesagten ist der Kleine Krieg als ein Phänomen zu bestimmen, das sich
entwickelt, wenn zwei ungleiche Gegner aufeinander treffen, wobei allerdings beide
noch immer in irgendeiner Weise mit dem Staat verbunden sind. So waren es die
Kampfgruppen des Vietcongs oder die jugoslawischen Partisanen während des Zweiten
Weltkrieges ebenso wie der spanische Guerillakrieg im Rahmen der Napoleonischen
Kriege. In den Kriegsszenarien der heutigen Postmoderne kommt jedoch noch der As-
pekt der Entstaatlichung hinzu. Es stehen sich nicht mehr eindeutig zuordenbare
Kampfgruppen gegenüber, der Krieg scheint wieder zur Privatsache geworden zu sein:

*„Es agieren verschiedene Kriegsakteure in unterschiedlichen Rechtspositionen,
sie sind Krieger, aber nicht immer Soldaten. Da das Militär nicht länger Mono-
polist der Kriegführung ist, werden nicht mehr militärische Objekte, sondern Zi-
vilisten und zivile Infrastruktur – also weiche Ziele – zu den Zielscheiben der
Kampfführung.*[61]

Damit schließt sich der Kreis hin zum Staat, da, wie wir nun sehen, mit der Ausformung
der so genannten „Neuen Kriege" der Bürger ebendiesen Status mit dem Untergang des
Staates verliert. Er wird zum Individuum in irgendeinem Gemeinwesen, das einer gewissen Beliebigkeit unterworfen ist. Die Entstaatlichung nimmt dem Bürger nicht nur
sein Sein als Bürger, sondern auch sein Soldatsein (dürfen). – Er wird in letzter Konse-
quenz entweder Krieger oder Gefolgsmann. Mit dem Staat fällt auch das Militär als
solches und damit jene Form der Sicherheit, die der Staat zu geben vermochte. Was
allerdings bleibt – unabhängig, welche Spielarten des gesellschaftlichen Treibens gerade en vogue sind – ist der Krieg in seiner Vielgestalt:

*„Ganz gleich, welche Gestalt der Krieg/Konflikt annimmt, so wird er immer ein
soziales Phänomen bleiben, eine komplexe, von Regeln geleitete Interaktions-
form sozialer Akteure, und ist als solcher Ausdruck der jeweiligen Gesellschafts-*

---

[60] Hahlweg, Werner: Typologie des modernen Kleinkrieges, Wiesbaden 1967, S. 48.
[61] Etzersdorfer, Irene: Krieg/Eine Einführung in die Theorie bewaffneter Konflikte, Wien 2007, S. 129 f.

form und ihrer jeweiligen Reife. Er verändert sich mit dem gesellschaftlichen Wandel."[62]

Jener Teilbereich der Militärwissenschaften, der sich mit dem Phänomen des Krieges beschäftigt, ist als „Polemologie" zu bestimmen, wobei in seiner Untergliederung zwischen der „theoretischen" und der „praktischen" Polemologie zu unterscheiden wäre. Gegenstand der theoretischen Polemologie ist das systematische Erforschen, der dem Kriege zugrunde liegenden Prinzipien und Gesetzmäßigkeiten, wobei dies sowohl im Lichte der staatlich-soziologischen als auch unter jener der anthropologischen Dimension zu geschehen hat. Wesentlicher Bestandteil dieses Wissenschaftsfeldes ist die Kriegsgeschichte, um aus Abläufen und Auswirkungen des Kriegsgeschehens im Rahmen von Vergleichen Ableitungen auf friedenserhaltende Maßnahmen einerseits und Schutzmechanismen für Staat und Gesellschaft andererseits treffen zu können. Forschungsleitendes Interesse der praktischen Polemologie ist konkrete Feststellung der Kriegsursachen, die Aufbereitung aller kulturellen, soziologischen und politischen Aspekte gewaltmotivierten Handelns und die Erzeugung konkreter Reaktionsmöglichkeiten auf kriegerische Entwicklungen. Zudem sind in diesem Rahmen Modelle und Mechanismen zur substantiellen Konfliktprävention zu entwickeln.

6.3 Die Strategik

Nachdem nun im Rahmen der Polemologie Konflikt und Krieg einer entsprechenden Bearbeitung unterzogen worden sind, bedarf es für den Staat als politischen Akteur des wissenschaftlichen Fundamentes zur planmäßigen Vorbereitung und koordinierten Anwendung aller Mittel, um den Schutz des Staatsganzen und seiner Bürger gewährleisten zu können und die sicherheitspolitischen Ziele gegenüber allen Bedrohungen zu wahren. Der Staat muss daher auf gesamtstaatlich-politischer und auf militärischer Ebene in der Lage sein Strategien zu entwickeln, die diesem Anspruch gerecht werden. Der zu diesem Zweck bestimmte Teilbereich der Militärwissenschaft ist die „Strategik". Wie die anderen Zweige der Militärwissenschaft weist auch die Strategik einen theoretischen Aspekt auf, der die grundsätzlichen Dimensionen strategischen Handelns und der Strategieentwicklung aufzeigen soll; dieser wird dann als „Strategietheorie und Doktrinenlehre" bezeichnet. Die praktischen Aspekte betreffen primär das strategische Handeln: Als ein erstes Feld wäre hier die „Sicherheitspolitik und staatlich-strategische Außenwirksamkeit" zu nennen, die sehr stark mit dem Bereich der Politikwissenschaften überlappt und als forschungsleitendes Interesse die systematische Gewinnung von relevanten Aussagen zu internationalen und zwischenstaatlichen Problemstellungen und daraus erfließenden Lösungsansätzen zum Ziel hat. So fallen in diesen Themenkomplex die Arbeitsfelder der Diplomatie, der internationalen Beziehungen, die Entwicklungshilfestrategie, die allesamt mehr im politikwissenschaftlichen Bereich zu bearbeiten sind, während alle Forschungsfragen bei denen das Militär eine Rolle spielt, im militärwis-

---

[62] Ebenda, S. 123.

senschaftlichen Bereich abzuhandeln sind. Dies betrifft den Einsatz im Rahmen von Friedensexpeditionen ebenso wie alle Maßnahmen zur Durchsetzung des staatlichen Wollens mit militärischen Mitteln.

Als ein weiteres Arbeitsfeld, das in erster Linie die strategische Ausrichtung des Gesamtstaates und die Möglichkeiten zur umfassenden Sicherheitsvorsorge erforschen soll, ist die „Landesverteidigung und Wehrstrategie" zu bestimmen. Ihr forschungsleitendes Interesse ist die Erarbeitung von Prinzipien und Handlungsanleitungen zum Schutz von Staat und Bevölkerung durch geeignete gesamtstaatliche Maßnahmen. Die Landesverteidigung als Angelegenheit eines jeden einzelnen Staatsbürgers ist hier zu thematisieren und geeignete Möglichkeiten zu entwickeln sowie dies den Betroffenen auch bewusst zu machen. In diesem Zusammenhang sind die Fragen von Wehrfähigkeit einerseits und Wehrwilligkeit andererseits zu stellen. Untersuchungen aus sozialwissenschaftlicher Sicht zur Wehrform und die Erziehung des Bürgers zur Wehrhaftigkeit fallen in diesen Teilbereich.

Als ein weiterer Teilbereich der Strategik ist die „Militärstrategik" zu nennen, die ihren Gegenstand in der „Einsatzführung" als militärisches Handeln, ihrer Vorbereitung, Durchführung und Beendigung findet. Dabei ist anzumerken, dass das Einsatzspektrum von der Führung von humanitären Hilfsoperationen bis hin zum äußersten Fall der Kriegsführung reicht. Sie äußert sich im praktischen Handeln als Militärstrategie und diese wiederum wird von der militärstrategischen Führungsebene ausgeführt. Innerhalb eines jeden Systems Militär sind die militärwissenschaftliche Forschung und Entwicklung sowie die Lehre auf dieser Ebene angesiedelt und erarbeiten dort alle relevanten und für das jeweilige Militär spezifischen wissenschaftlichen Fragestellungen. Sie betreiben daher in erster Linie angewandte Forschung. Militärwissenschaftliche Grundlagenforschung erfolgt in der Regel außerhalb der militärischen Institutionen an den Universitäten, wie beispielsweise an der Eidgenössischen Technischen Hochschule in Zürich. In Ermangelung derartiger Einrichtungen in Österreich, hat hier auch die Grundlagenforschung im Rahmen des Militärs zu erfolgen oder muss durch die internationale Vernetzung bzw. den Zukauf von Wissen aus dem Ausland gewährleistet werden.

Ein wesentlicher Bereich, der im Rahmen der Militärstrategik seinen Platz finden muss, ist die „Theorie der Streitkräfteorganisation". Da die Militärstrategik sich exakt an der Schnittstelle zwischen der politisch-strategischen Dimension staatlichen Handelns und der militärischen Dimension dessen befindet und somit immer die sicherheitspolitischen Aspekte und Vorgaben mit den Anforderungen des Militärs zusammenführen soll, ist alles Organisatorische sowie dessen Forschung und Entwicklung hier anzusiedeln. Diesem Bereich gehören auch die militärspezifischen Aspekte des Mobilmachungswesens und des Ergänzungswesens an, die für die Funktionalität der militärischen Organisation eine wesentliche Grundlage bilden.

Das interdisziplinäre Wissenschaftsfeld der „Militärökonomik" ist ebenfalls Gegenstand dieses Teilbereiches. Dazu der Militärökonom Harald Pöcher:

Militär und Ökonomie stehen sich seit jeher als unversöhnliches Paar gegenüber, da der Aufbau optimaler Strukturen von Organisationen und Handlungsabläufen (Anm.: aus wirtschaftswissenschaftlicher Sicht) zugunsten besonderer militärischer Bedürfnisse meist außer Kraft gesetzt wird. Dieser Widerspruch regte Wirtschaftswissenschaftler an, sich speziell mit dem Untersuchungsobjekt Streitkräfte auseinanderzusetzen. Die Ökonomen in Ost und West benennen derartige Untersuchungen militärökonomische Untersuchungen und die wissenschaftliche Disziplin unter deren Schirm die Untersuchungen ablaufen ‚Militärökonomie' oder ‚Economics of Defence'."[63]

Für die Militärökonomie gilt es, relevante Aussagen zum wirtschaftlich-effizienten Aufbau und Einsatz des Militärs zu gewinnen, allerdings nicht unter der Prämisse marktwirtschaftlicher Gewinnoptimierung, sondern durch Zugrundlegung militärisch relevanter bzw. notwendiger Aspekte betriebswirtschaftlichen Handelns, die auch unter kritischen Umständen das Funktionieren des militärischen Apparates garantieren. Dies trifft beispielsweise auf Ausnahmebedingungen zu, die dann einen Rückgriff oder die Abstützung auf zivile Versorgungseinrichtungen, Reparaturwerkstätten u. dgl. m. nicht mehr in vollem Umfang zulassen. Die Militärökonomie hat auf diese besonderen betriebswirtschaftlichen Umstände zu reflektieren und sowohl in den politisch-strategischen Bereich hinein beratend zu wirken, als auch dem System Militär jene erforderlichen ökonomischen Möglichkeiten aufzuzeigen, um die Vorbereitung und Durchführung von Einsätzen entsprechend zu gewährleisten.

Die rechtlichen Rahmenbedingungen unter denen das Militär handeln soll, den besonderen rechtlichen Status, den Soldaten vor allem während des Einsatzes vorfinden, und die rechtlichen Aspekte bei der Organisation des Instrumentes Militär sind in einer eigenen Wissenschaftsdisziplin angelegt, die als „Militärische Jurisprudenz" im Rahmen der Militärstrategik angesiedelt ist. Mit ihr verhält es sich ähnlich wie mit der Militärökonomie, d. h. auch sie muss an dieser Schnittstelle zwischen Politik und Militär agieren, wobei ihr Gegenstand die Erforschung der besonderen rechtlichen Herausforderungen des Militäreinsatzes im Rahmen der klassischen Landesverteidigung sowie deren Anpassung an die jeweiligen sicherheitspolitischen Gegebenheiten einerseits und den immer wieder neu generierten so genannten „Rules of Engagement" bei den unterschiedlichen Friedensexpeditionen und Operationen andererseits darstellt.

---

[63] Pöcher, Harald: Geld, Geld und noch einmal Geld/Streitkräfte und Wirtschaft – Das Österreichische Bundesheer als Wirtschaftsfaktor von 1955 bis in die Gegenwart, Wien 2006, S. 251.

6.4 Die Theorie der Truppenführung

Bezogen auf das rein militärische Handeln und die Führung der Soldaten in den verschiedenen Einsatzszenarien, sind wir nun beim Kernbereich militärwissenschaftlicher Forschung und Entwicklung angelangt. Während alle vorher genannten Wissenschaftsfelder und Forschungsbereiche sich damit beschäftigen, das Instrument Militär als solches zu befähigen und im Zusammenspiel mit der politischen Führung und dem Staatsganzen möglichst effizient zum Einsatz zu bringen, treffen wir hier auf das Instrument selbst. Die Führung der bewaffneten Macht zu allen Zeiten, vornehmlich jedoch während des bewaffneten Kampfes, sowie die systematische Gewinnung von anwendungsorientierten Erkenntnissen über den Aufbau und Ablauf der unzähligen Umsetzungsdimensionen militärischen Wirkens sind Gegenstand dieser essentiellen Teildisziplin der Militärwissenschaften.

So hat die Truppenführung Methoden zu entwickeln, die den Anforderungen des modernen Kriegsbildes (Konflikt- und Gefechtsbild) gerecht werden, um die damit verknüpften Herausforderungen im Sinne der möglichsten Schonung von Menschenleben zu gewährleisten. Diese Führungsmethoden haben die Geschwindigkeit der Gefechtsabläufe ebenso zu berücksichtigen, wie die Möglichkeit der Umsetzung durch die Truppen, sodass dem reibungslosen Zusammenwirken aller Waffengattungen und der Mobilität im Rahmen der Truppenführung eine besondere Bedeutung beigemessen werden muss. Im Rahmen der Entwicklung und Beurteilung der Führungsqualität kommen sozialwissenschaftliche und mathematische Methoden gleichermaßen zur Anwendung.

So ist beispielsweise zur Einschätzung der Truppe hinsichtlich ihres Wertes im Gefecht die Bestimmung der Kampfkraft wesentlich, um rechnerisch an die Bestimmung der Erfolgswahrscheinlichkeit herangehen zu können. Zur Kampfkraftberechnung werden die erreichten Ausbildungsniveaus ebenso herangezogen, wie Art der Bewaffnung und Ausrüstung sowie daraus abgeleitet die Fähigkeit zur Gefechtsführung unter den gegebenen Einsatzbedingungen (Gelände, Witterung, Gesundheitszustand der Truppe usw.). Aus dieser ersten Komponente, wir könnten sie auch als „hard facts" bezeichnen, lässt sich bereits ein gewisser Erfolgsfaktor berechnen, der dann durch sozialpsychologische Aspekte und Merkmale der so berechneten Truppe zu ergänzen ist, die dann konsequenterweise als „soft facts" zu benennen sind. Diese so genannte Kampfwertbestimmung gibt Auskunft über die mentale Beschaffenheit der Truppe und ihre erwartbaren Verhaltensmuster. Hier stellen sich die Fragen von Disziplin und Gehorsam, der Traumatisierung, des Ersteinsatzes, der Homogenität, der Angst usw., die die Führungsfähigkeit der Offiziere und die Führbarkeit von Verbänden überhaupt oder zumindest hinsichtlich ihrer zeitlichen Komponente maßgeblich beeinflussen.

Kampfwert und Kampfkraft einer Truppe stellen also einen Gradmesser für die Effizienz des Handelns von militärischen Verbänden dar. Gekoppelt mit den einsatzbedingten Vorgaben, die festlegen, wann eine Aktion zu erfolgen hat, um für das Gesamtkonzept erfolgreich zu sein, lässt sich jener Zeitraum ermitteln, der der militärischen Führung bleibt, um zu agieren. Dabei muss, um ein Ziel zu erreichen, meist interpoliert werden, und es sind damit gewisse Abstriche in Kauf zu nehmen. Allerdings gibt es einen Zeitpunkt, ab dem das gesamte Unternehmen nicht mehr erfolgreich abgewickelt werden kann. Diesen richtig zu erkennen, um eine andere Vorgangsweise wählen zu können, zählt zur Führungskunst. Die Theorie der Truppenführung hat entsprechende Erkenntnisse und Methoden dafür zu liefern.

Bezogen auf das heutige Gefechtsfeld, das ohne Computerunterstützung für eine moderne Armee nicht mehr denkbar ist, strebt man in diesem Zusammenhang nach der so genannten „Echtzeitdatenübertragung", was meint, dass sämtliche Daten durch die Elektronik innerhalb von Sekundenbruchteilen geliefert werden können, um damit Zeit für den Beurteilungsprozess und die daran anschließenden Führungsmaßnahmen zu gewinnen. Wenn also die Übertragung von Daten beim Empfang gegen Null geht, bleibt entweder mehr Zeit für Beurteilung und Befehlsgebung oder es besteht die Möglichkeit, das gegnerische Zeitkalkül durch raschere Gefechtsabwicklung zu unterlaufen und den Gegner damit zu überraschen. Die Führung selbst als richtungweisendes Einwirken auf die zu Führenden bedarf zu diesem Zweck gesicherter Grundlagen und Modelle, die ein effizientes einsatzorientiertes Führen ermöglichen.

> *„Neben der soldatischen Tüchtigkeit und dem Können der Truppe ist die Führung der wichtigste Faktor des Erfolges; sie kann die Ungunst anderer Faktoren, wie Unterlegenheit an Zahl und Bewaffnung, weitgehend wettmachen."[64]*

Wenn wir nun die militärische Führung im Allgemeinen betrachtet haben und ihr als wissenschaftliches Fundament die Theorie der Truppenführung zugrunde legen, gilt es innerhalb dessen abermals zwei Bereiche zu bilden, die hinsichtlich ihrer Führungsaufgabe im Rahmen des militärischen Führungssystems bereits behandelt wurden und wegen dieser Unterschiedenheit im Führungscharakter auch im militärwissenschaftlichen Bereich eine Entsprechung finden sollen. Wir sprechen daher einerseits von der „Theorie der Operativen Führung" und andererseits von der „Theorie der Taktik". Beiden gemeinsam ist, dass sie am militärischen Instrument arbeiten, allerdings auf unterschiedliche Weise. Hinzu kommt die psychologische Komponente der Truppenführung als ein wesentliches Forschungs- und Entwicklungsfeld, das unter der Bezeichnung „Truppenpsychologie" als ein dritter Teilbereich dargestellt werden soll.

6.4.1 Die Theorie der Operativen Führung

Die Schaffung dieser Form der Führungskunst wurde mit der Bildung des modernen Staates und insbesondere nach den Umwälzungen in der Militärtheorie nach den Napoleonischen Kriegen immer dringender. Die Entwicklung erfolgte weg vom unmittelbar geführten Kriegshaufen des Dreißigjährigen Krieges, der meist auf eigene Faust handelte und auch im Rahmen eines Kriegstheaters, nur einem groben Ziel folgend, auf sich allein gestellt agierte. Die Generierung von Staat und Militär führte hin zum Massenheer, das unter einem Kommando vereint, auf ein ganz bestimmtes Ziel gerichtet und

---

[64] Frick, Hans: Brevier der Taktik, Wien 2000, S. 37.

Von der Notwendigkeit der Militärwissenschaften

wie ein einziger großer Heereskörper geführt sein wollte. Dies war vor allem aus den politisch-strategischen Vorgaben heraus notwendig geworden, da der Staat nun das Gewaltmonopol für sich zu beanspruchen vermochte und damit „privaten" Feldzügen nach dem Vorbild der mittelalterlichen Fehde keinen Raum mehr lassen durfte.

Mit diesem Ansinnen waren Heerführern neue Herausforderungen angetragen, die Truppen auf einem Kriegsschauplatz zentral zu führen. Sie hatten einerseits die politisch-strategischen Weisungen in militärisches Handeln umzusetzen und andererseits eine Vielzahl und Vielfalt (die Teilstreitkraft überschreitend) von Truppen zu koordinieren und zum Zusammenwirken zu bringen. Dazu bedurfte es einerseits eines grundlegenden Wissens über die Abläufe innerhalb des Systems Militär und andererseits einer Vielzahl von Führungsgehilfen, die dann in Form von Stäben organisiert und mit dem notwendigen militärischen Wissen ausgerüstet, dem Feldherrn zuarbeiteten. Über die Notwendigkeit von Wissen im Sinne von Wissenschaft äußerte sich der Zeitzeuge und Feldherr Erzherzog Karl von Österreich in einem seiner militärwissenschaftlichen Aufsätze wie folgt:

> *„Das Wissen ist daher eine der mächtigsten Triebfedern zur Erzeugung, zur Befestigung und zur dauerhaften Begründung der Entschlossenheit. Wenn einerseits die Stufenreihe des Wissens bei den Urprinzipien beginnen muss, um nach Maß ihres Vorschreitens sich zu entwickeln und zu erweitern, so können auch einzelne Bruchstücke (Der hier folgende Aufsatz ist daher als ein solches Bruchstück zu betrachten und bildet kein abgeschlossenes Ganzes der Kriegswissenschaft.) zu ihrer Erweiterung beitragen, vielleicht sogar neue Begriffe wecken, die, wenn sie richtige sind, nur zur Bestätigung jener Grundsätze dienen, welche aus der Natur der Sache hergeleitet, unmstößlich und unabänderlich sind."*[65]

Die neuen Umstände erforderten daher ein neues Führungswissen, das sich in der Theorie der Operativen Führung widerspiegeln sollte. Dabei werden jedoch im Rahmen dieser Anlage zwei Aspekte miteinander vereint, die einerseits auf die Positionierung und das Aufgabengebiet der Operativen Führung hinzielen und andererseits die systematische Gewinnung von Erkenntnissen über die prozessualen Abläufe militärischen Handelns unter Berücksichtigung der politisch-militärischen Vorgaben, die aus dem Bereich der militärstrategischen Führungsebene kommen müssen. Der prozessorientierte Ansatz militärwissenschaftlicher Tätigkeit im Rahmen der Theorie der Operativen Führung wurde bereits mit der Darstellung der quantitativen Mobilität der Führung angerissen. Weiter ausgeführt bedeutet dies, dass sich die Forschung auf die Ermittlung von Erfolgsfaktoren zur Erzielung der Überlegenheit auf dem Kriegsschauplatz unter Berücksichtigung von materiellen und immateriellen Vorgaben zu konzentrieren hat bzw. Grundlagen erbringen muss, um dies zu ermöglichen. Dieses Führungswissen hat zudem auf die allgemeinen militärischen Grundsätze abgestimmt zu sein:

---

[65] Hauser, Rainer: Erzherzog Karl – Ausgewählte militärische Schriften/Grand Stratégie des 19. Jh. für Offiziere und Führungskräfte, Norderstedt 2004, S. 113.

„Operative Führungskunst bedeutet [...] die Fähigkeit, bei regionaler Unterle-
genheit durch initiative Nutzung des Raumes sowie professionelle, kreative und
flexible Truppenführer lokale Überlegenheit zu schaffen. Dabei darf man einen
wichtigen Zusammenhang nicht aus den Augen verlieren: Entscheidende Vor-
aussetzung operativer Kunst bleibt militärische Professionalität, d. h., man be-
nötigt Truppenführer, die ihre Soldaten für jeden Auftrag ausbilden und in je-
dem Auftrag führen können, sowie kampf- und einsatzerprobte Truppen, die ihr
Handwerk beherrschen."[66]

Ein Abgleiten des militärischen Führungswissens in die Bereiche der Führungsvorstellungen zivilen Unternehmensmanagements oder gar deren Übernahme beginnt sich meist in längeren Friedenspausen zu entwickeln. Es handelt sich dabei stets um eine Gratwanderung, da überprüft und entschieden werden muss, welche Innovationen aus der zivilen Führungsforschung als konstruktive Weiterentwicklung auch für den militärischen Bereich von Relevanz sein können, welche anderen aber nur auf den ersten Blick so erscheinen und sich bei eingehender Beschäftigung letztendlich als Trugbild erweisen. Grundlage aller Beurteilung muss daher, trotz aller Effizienz, die Neueinbringungen in Friedenszeiten gewähren, die Einsatzrelevanz sein. Da das Militär weder Selbstzweck noch primär ein staatliches Instrument für den Friedensbetrieb darstellt, ist der Einsatz bzw. der Krieg jener Prüfstein, woran sich die militärwissenschaftliche Forschung zu orientieren hat.

Der zweite aufgabenorientierte Aspekt der wissenschaftlichen Beschäftigung im Rahmen der Theorie der Operativen Führung betrifft ihre Positionierung zwischen der mit dem Instrument hantierenden politisch-militärischen Ebene und dem Instrument selbst, von dem die Operative Führungsebene selbst die Spitze bildet. Mit dieser Zwischenstellung einerseits und selbst Truppen führenden Ebene andererseits kommen auf die Operative Führung besondere Aufgaben zu, die sich wie folgt darstellen lassen.

„Die oberste (militärstrategische) Führung hatte die politisch-strategischen
Vorgaben in den militärischen Bereich umzusetzen, die Belange der Militärstra-
tegie und Militärpolitik wahrzunehmen und die Grundlagen für die Operationen
festzulegen und bereitzustellen. [...] Die operative Ebene (obere Führung) trans-
formierte die Strategie in militärische Handlungen auf einem Kriegsschauplatz
bzw. in einem Operationsgebiet oder -raum und plante bzw. führte dort Feldzüge
[...]. Die operative Führung war verantwortlich für den optimierten Einsatz der
zugewiesenen Kräfte und Mittel, für die Ausrichtung der militärischen Verfahren
auf die zugewiesenen bzw. erwartbaren Ressourcen, die Festlegung der Operati-
onsrichtungen und operativen Ziele [...]. Auf der Ebene der oberen Führung
wurde das Zusammenwirken der Teilstreitkräfte sichergestellt und optimiert."[67]

---

[66] Vad, Erich: Operative Führung/Grundlagen, Merkmale, Perspektiven. In: Österreichische Militärische Zeitschrift 2/1998, S. 132.
[67] Pleiner, Horst: Operative Führung im Bundesheer/Ein historischer Abriss. In: Österreichische Militärische Zeitschrift 2/1998, S. 141 f.

Von der Notwendigkeit der Militärwissenschaften

Die Theorie der Operativen Führung hat beiden Aspekten gerecht zu werden, indem sie aus den Erfahrungen der durchgeführten militärischen Operationen und aus dem damit generierten Expertenwissen jene Erkenntnisse auf der Metaebene aufbereitet und sie in die operative Führungslehre bzw. das damit vorhandene Regelwissen einfließen lässt. Die so erfolgte Erzeugung von Führungswissen hat auch neueste Erkenntnisse aus den zivilen Bereichen zu betrachten, insbesondere aus Politik und Wirtschaft, da diese in vielen Fällen der militärischen Führung auf dieser Ebene nicht unähnlich erscheinen. Es ist jedoch das so gewonnene Führungswissen, wie bereits dargelegt, immer am Einsatzmaßstab zu richten. Daraus wird die transdisziplinäre Dimension der Führungsforschung erkennbar, die vor allem im Rahmen der zivil-militärischen Zusammenarbeit, die in den derzeitigen Einsatzfällen und Friedensoperationen immer mehr an Bedeutung erlangt, synergetische Effekte zu zeitigen vermag. In diesem Sinne ist Operative Führung wie folgt zu definieren:

> *„Operative Führung führt Kräfte, Mittel und Informationen in Raum und Zeit so zusammen, dass der Gegner im Sinne der strategischen Zielsetzung mit dem Mittel der Taktik gezwungen wird, sich unseren politischen Absichten zu unterwerfen (wenn der Zweck des Krieges die Niederwerfung des Gegners ist) oder anzupassen (wenn der Zweck des Krieges begrenzt ist). Sie ist folglich ein Mittel der Strategie, ist zugleich Bedingung und Mittel für die Taktik. Sie ist weder wie die Strategie ein konzeptioneller Planungsprozess noch wie die Taktik ein situativer Handlungsakt. Sie ist ein konzeptioneller Handlungsakt und steht in dieser Beziehung dem Management in der Wirtschaft nahe."[68]*

Damit steht die Operative Führung über der Taktik, die sich als ein eigenes, spezifisches Führungsfeld darbietet. Aus dem eigenen Führungsfeld heraus lenkt die Operative Führung die Taktik zwar, lässt ihr aber dabei größte Eigenständigkeit und ermöglicht damit deren unabhängige Entwicklung, wobei sich die taktischen Handlungen immer aus der Konzeption der Operation ergeben und in ihrem Interesse geführt werden.[69] Als konzeptioneller Handlungsakt plant und leitet die Operative Führung die Vorgänge auf dem Kriegsschauplatz oder im Einsatzraum, die unmittelbare Anwendung der bewaffneten Gewalt erfolgt im Rahmen der Taktik.

---

[68] Will, Thomas: Operative Führung/Versuch einer begrifflichen Bestimmung im Rahmen von Clausewitz' Theorie „Vom Kriege", Hamburg 1997, S. 285 f.

[69] Vgl. Smirnow, M.W. und andere: Über sowjetische Militärwissenschaft, Berlin (Ost) 1961, S. 257.

6.4.2 Die Theorie der Taktik

Da die Taktik bestimmt, wie mit den eigenen Mitteln gekämpft werden soll, wie die eigenen Mittel, bedingt durch technische Parameter und umfeldmäßige Einschränkungen im Gesamtspektrum der Verwendungsmöglichkeiten eingesetzt werden sollen, handelt es sich um eine Führungslehre, die auf wissenschaftlichen Erkenntnissen beruhend vorgibt, wie dies bestmöglich zu geschehen hätte. Die Anwendung dieser Lehre erfolgt im Einsatz bzw. im Kampf durch den militärischen Führer, der diese damit bestimmt.[70] Weil die jeweilige Taktik durch den militärischen Führer bestimmt wird, sind diesem Instrumente an die Hand zu geben, die einen Gleichklang der taktischen Führung auf dem gesamten Gefechtsfeld bewirken sollen. Die Lehre der Taktik hat sich daher in Aufbau- und Ablaufprozessen sehr viel stringenter an – auf wissenschaftlicher Basis erarbeitete – Vorgaben zu halten, als dies im Rahmen der Operativen Führung der Fall ist, die in der Regel relativ frei hinsichtlich ihrer Abläufe und Zielsetzungen zu agieren vermag. Die Taktik als Führungslehre kann dabei nie völlig losgelöst von der technischen Entwicklung und den sozialpsychologischen Aspekten im Rahmen von Einsätzen betrachtet werden.

Wesentliches Element der taktischen Führung ist die Beherrschung des bereits erwähnten Einsatzes bzw. des Kampfes der verbundenen Mittel bzw. Waffen. Die Gefechtsführung muss daher so angelegt sein, dass die verschiedenen Waffengattungen stimmig zusammenwirken und dadurch einen größtmöglichen Kampferfolg erzielen. Ein wesentliches Instrument dazu ist das militärische Führungsverfahren, das unter Zugrundelegung der Anwendung der systemanalytischen Methode Erfolg versprechende Ergebnisse liefern können soll:

> *„Das Wesen der systemanalytischen Methode besteht aus Abstraktionsprozessen, die bestimmte Elemente und deren Beziehungen untereinander aus der Vielfältigkeit der komplexen Realität herausheben unter Anwendung von kombinierten Methoden der Betrachtungsweise. Der Forschungsablauf wird in eine Reihe von Schritten und Quasi-Entscheidungsprozessen zerlegt. Die systemanalytische Methode ist aber nicht nur eine progressive Erkenntnis- und Lösungsmethode für Organisations-, Kontroll- und Entscheidungsprobleme in Organisationen oder eine Aneinanderreihung von quantifizierenden Verfahren, die mit Gewalt zurecht gebogen worden sind, sondern eben eine Zerlegung eines Problems in seine Komponenten, die Entwicklung einer Sollvorstellung, um die Elemente und die Art ihrer Beziehungen neu zu ordnen zur Erreichung eines Optimums der Zielsetzungen.“[71]*

Um zu Aussagen zu kommen, muss zur Erarbeitung der Führungsgrundlagen in vielerlei Hinsicht abstrahiert werden. So kann beispielsweise für die Bewegung von Fußtrup-

---

[70] Vgl. Ritschard, Paul: Einführung in die Taktik, Frauenfeld 1990, S. 8.
[71] Fritz, Friedrich: Wissenschaftliches Arbeiten im militärischen Bereich. In: Österreichische Militärische Zeitschrift 5/1976, S. 398.

pen auf dem Marsch in einem nur leicht kupierten Terrain eine Geschwindigkeit von vier Kilometern pro Stunde angenommen werden. Dies ist jedoch ein Durchschnittswert, der durch geübte Truppen unterboten werden kann, dennoch bleibt er als Rechengröße bestehen. Ebenso verhält es sich mit den Kräfteverhältniszahlen, die für einen erfolgreichen Angriff dem Angreifer eine drei- bis vierfache Überlegenheit an Kräften vorschreiben. Auch dieser Wert stellt nur eine Rechengröße dar. Dem Geschick des militärischen Führers obliegt es, diesen Wert durch die Anwendung von Führungsgrundsätzen und Entschlossenheit zu unterbieten. Elemente wie Überraschung, rasches und flexibles Handeln sowie Mobilität sind hier Stichworte, die, entsprechend ausgenützt, den Erfolg auch mit rechnerisch unterlegenen Kräften herbeiführen können.

Dazu bedarf es allerdings einer genauen Analyse des Gegners sowie entsprechender Kenntnisse über dessen Struktur, Kampfweise und Kampfmoral. Die Rechengrößen und die daraus ableitbaren mathematischen Ergebnisse bilden daher eine Ausgangsbasis, die den bereits erwähnten kritischen Zeitraum bestimmt. Mit zur Verfügung gestellten wissenschaftlichen Modellen und Methoden zur Planung, Verfahrensauswahl, Einteilung der Kräfte und Festlegung von Alternativen, wie beispielsweise jene kurz gestreiften mathematischen Methoden, die in den Bereich der Operations Research fallen, kann ein erfolgreiches Führen von Gefechtshandlungen und militärischen Einsätzen im Rahmen von Friedensexpeditionen gewährleistet werden. Die Erforschung derartiger Modelle und Methoden ist der Gegenstand der Theorie der Taktik. Diese

> „befasst sich mit dem Studium des Gefechts zu Lande, zu Wasser und in der Luft und erarbeitet die Grundlagen seiner Vorbereitung und Führung unter den verschiedenen Bedingungen und im Hinblick auf das Zusammenwirken aller Waffengattungen. Das Gefecht stellt einen organisierten bewaffneten Zusammenstoß von Einheiten, Truppenteilen und Verbänden der Land-, Luft und Seestreitkräfte dar, die selbständig handeln oder zusammenwirken. Das Gefecht verfolgt das Ziel, den Gegner gefangen zu nehmen, zu vernichten oder ihm solche Verluste beizubringen, die ihn zwingen, auf die Erfüllung der ihm gestellten Aufgabe zu verzichten. Das Gefecht wird von bewaffneten Menschenmassen geführt, die eine Vielfalt technischer Kampfmittel anwenden, um dem Gegner Verluste beizubringen. Es wird räumlich und zeitlich von den gestellten Aufgaben und von den zur Erfüllung dieser Aufgaben im Gefecht eingesetzten Mitteln begrenzt. Die Kenntnis der objektiven Gesetzmäßigkeiten des Gefechts ermöglicht es der Taktik, die zweckmäßigsten Formen und Methoden der Truppenhandlungen im Gefecht zu erarbeiten. Diese Formen und Methoden beruhen auf der vollkommenen Ausnutzung günstiger objektiver und subjektiver Faktoren und auf der Einschränkung des negativen Einflusses ungünstiger Bedingungen und Faktoren."[72]

Neben den für das militärwissenschaftliche Forschen und Entwickeln typischen Methoden kommen vor allem im Bereich der Taktik auch allgemeinwissenschaftliche Methoden, wie beispielsweise das Experiment, die Beobachtung und der Vergleich sowie die

---

[72] Smirnow, M.W. und andere: Über sowjetische Militärwissenschaft, Berlin (DDR) 1961, S. 258.

bereits erwähnten mathematischen Methoden, zur Anwendung. Um zu neuen Erkenntnissen zu gelangen bzw. neue Phänomene im Bereich des Militärischen entsprechend beurteilen zu können, muss zunächst von der Formulierung einer Hypothese ausgegangen werden, die vorerst nicht mehr als eine Mutmaßung darstellt. Über die spezifischen, der jeweiligen Logik folgenden Methoden wird der Forschungsprozess dazu verwendet, die Hypothesen zu begründen und letztendlich zu beweisen. Dabei wird es vielfach nur möglich sein, diese theoretisch zu begründen, und zwar vor allem im strategisch-operativen Bereich. Für die Theorie der Taktik jedoch bietet sich auch die experimentelle Überprüfung an.[73] So können experimentelle Anordnungen zur Überprüfung von Gefechtsszenarien im Rahmen von Übungen und Manövern eingenommen werden.

Als Beispiel für eine derartige Vorgangsweise dient die Erarbeitung der österreichischen Verteidigungskonzeption während des Kalten Krieges, die als so genannte „Raumverteidigung" über die Landesgrenzen hinaus bekannt geworden ist. Die theoretischen Überlegungen auf der politisch-strategischen Ebene zur Übernahme unkonventioneller Kampfweisen, angesichts der Überlegenheit von NATO und Warschauer Pakt, formulierte der Vordenker dieses Konzeptes, General Emil Spannocchi, so:

> *„Die Transformierung der Lehren Mao Tse-tungs, Giaps und der anderen Klassiker auf österreichische Verhältnisse sollte hier nur exemplarisch versucht werden. Es sollte nichts anderes gewagt werden als ein theoretischer Vorschlag, diese Taktik aus unserer Sicht zu sehen. Die echten Konsequenzen in Organisation, Ausrüstung, Ausbildung, Versorgung und Führungsstruktur sind erheblich. Dieser Weg führt weg von einer Verlegenheit, vielleicht zu einem glaubhaften Ziel. Manchem bewährten Soldaten wird dieser Versuch eher revolutionär erscheinen, als sinnvoll, was aber haben sie als Alternative zu bieten? Denn das eigentliche Ziel dieser Taktik ist es doch, durch ihre Vorbereitung jedem Anrainer, der gedanklich mit unserer Freiheit spielt, einigermaßen nachdrücklich vor Augen zu führen, dass dieses Abenteuer – wenn wir nur wollen! – für ihn nur mit ‚Schweiß, Blut und Tränen', nach unzumutbar langer Zeit und unter Anwendung noch unzumutbarerer missproportionierter Mittel zu beenden wäre. Vielleicht lässt er es dann. Eher jedenfalls, als durch die Konfrontation mit einer Miniwehrmacht."[74]*

Alleine aus diesen Formulierungen ist zu erkennen, dass bei der Vorstellung dieses Konzeptes die gesamte Militärführung nicht gerade in Begeisterungsstürme ausgebrochen war. Das ist aber durchwegs eine normale Reaktion auf wissenschaftliche Hypothesen und daher bedurfte es zur Untermauerung der theoretischen Überlegungen, zumindest hinsichtlich des Nichtfunktionierens des bisherigen Verteidigungskonzeptes, schlagender Beweise. Diese waren im Zusammenhang mit einer groß angelegten Übung, dem so genannten Manöver „Bärentatze", erbracht worden, wo sich in experi-

---

[73] Vgl. Schawrow, I.J.; Galkin, M.I.: Methodologie der militärwissenschaftlichen Erkenntnis, Berlin (Ost) 1980, S. 260–264.
[74] Spannocchi, Emil: Verteidigung ohne Selbstzerstörung, Wien 1976, S. 64.

Von der Notwendigkeit der Militärwissenschaften

menteller Anordnung ein Angriff einer Division des Warschauer Paktes gegen Österreich abspielen sollte. Das Ergebnis dieses Experimentes war für viele ernüchternd und wies nach, dass die Aufstellung des Österreichischen Bundesheeres in einer offenen Schlacht unweigerlich und innerhalb kürzester Zeit zur Vernichtung führen würde.[75]

Neben der für die Taktik viel versprechenden Methode des Experiments sind jedoch zur Weiterentwicklung der Theorie die zusätzlichen, eben erwähnten Methoden zu verwenden, da das Experiment alleine nicht umfassend über die tatsächlichen Ergebnisse einer überprüften Hypothese Auskunft zu geben vermag. Dies aus zwei Gründen: Erstens können Experimente nur unter sehr realistischen Einsatzbedingungen durchgeführt werden und nie als Einsatz selbst, da, wie im oben angeführten Beispiel dargestellt, Soldaten gegeneinander antreten – ähnlich einem Turnier. Die Ermittlung der Ausfallszahlen beispielsweise kann daher nur durch standardisierte Verlustberechnungen oder Schiedsrichterdienste und Simulationsgeräte über Annäherungswerte erfolgen. Zweitens kommen damit jene psychologischen Faktoren, die für die Kampfführung wesentlich sind, wie etwa Todesangst, Stress, Angst vor Gefangennahme oder Verwundung usw. nicht im tatsächlichen Umfang, so wie sie sich im Einsatz darstellen, zum Tragen.

Die Taktik als Führungslehre erweist sich daher als etwas Archaisch-Unmittelbares, wo der Begriff des Kampfes seiner reinen Bedeutung gerecht wird und sich im Gefecht ausdrückt. Ideengeschichtlich war die Taktik bereits kurz nach dem Auftreten des Menschen da. Sobald dieser im Rahmen der Sippe erkannt hatte, dass es bestimmte Techniken und Führungsmuster ermöglichen, andere zu besiegen, speicherte er diese Erkenntnisse und gab sie als „Kampfkunst" an seine Nachfahren weiter. Erst viel später, im Rahmen der Staatenbildung, wurde damit begonnen, diese Gefechtstechniken und taktischen Erkenntnisse aufzuschreiben und allen Soldaten zu vermitteln. Es begann also bereits bei den antiken Griechen und den chinesischen Denkern aus dieser Zeit und setzte sich bis in unsere Epoche fort. Erst mit der Errichtung von Militärakademien und dem Auftreten der Massenheere startete eine wissenschaftliche Beschäftigung mit dem Gefecht, die die Theorie der Taktik zu einer Disziplin der Militärwissenschaften werden ließ. In der Taktik zeigt sich das militärische Führungshandwerk und bestimmt, neben der Professionalität der Soldaten und ihrer Bewaffnung, den Erfolg des Gefechtes. Um dies zu erreichen bedarf es der wissenschaftlichen Untermauerung durch die Theorie der Taktik, die sich wie folgt definieren lässt:

„Man kann die Theorie der Taktik als wissenschaftliche Disziplin [...] definieren, die das Wesen des Gefechts als Erscheinung des Krieges untersucht, die seine Gesetzmäßigkeiten erforscht und auf dieser Grundlage die Methoden und Formen der Vorbereitung und Führung des Gefechts durch Einheiten, Truppenteile und Verbände der verschiedenen Waffengattungen und Teile der Streitkräfte ausarbeitet."[76]

---

[75] Vgl. Wildberger, Wolfgang: Emil Spannocchi/engagiert und eloquent, Graz 2006, S. 129.
[76] Soworodkin, M.: Die Taktik als Bestandteil der Kriegskunst, Berlin (Ost) 1959, S. 39.

6.4.3 Die Truppenpsychologie

Wie bereits dargelegt, ist das Individuum Mensch als Soldat im Einsatz enormen Belastungen ausgesetzt, die negative Auswirkungen auf dessen Einsatzbereitschaft zeitigen können. Da Soldaten in der Regel im Kollektiv agieren, bleiben diese Phänomene nicht auf das Individuum beschränkt, sondern ermöglichen vielmehr deren Ausnützung zur Beeinflussung von Einheiten und Verbänden. Diese psychologischen Faktoren, die das Gefechtsverhalten und damit den Kampfverlauf maßgeblich bestimmen können, dürfen im Rahmen der Truppenführung nicht außer Acht gelassen werden. Die systematische Gewinnung von Erkenntnissen über diese Faktoren ist der Gegenstand der Truppenpsychologie.

Dabei nähert sich diese auf zwei unterschiedlichen Wegen an den Gegenstand an: Einerseits untersucht sie jene spezifischen psychologischen Phänomene, die im Rahmen von Kampfhandlungen auftreten können und den Soldaten ohne sichtbare körperliche Schädigung zum Ausfall bringen, wie sie beispielsweise durch traumatische Belastungsstörungen und Stress auftreten können. Das Phänomen des Gefechtsschocks zählt ebenso in diese Kategorie, wie die Umstände von Gefangenschaft oder Geiselnahme. Ableitungen aus diesen psychologischen Erkenntnissen wirken sich zunächst auf die Personalauswahl im Allgemeinen, jene der Führungskräfte im Besonderen und die Betrauung von Truppen mit bestimmten Aufgaben aus. Die Erforschung und Bearbeitung dieser Faktoren ist der Gegenstand der Militärpsychologie, die als interdisziplinäres Forschungsfeld die psychologischen Faktoren im militärisch-einsatzbezogenen Rahmen zu gewichten sowie Methoden zur Kampfwertbestimmung und Bewältigungskriterien für die Führung aufzubereiten hat.

Andererseits hat die Truppenpsychologie alle Aspekte zu erfassen, die der psychologischen Beeinflussung von Soldaten durch gegnerische Kräfte erwachsen sowie jene Maßnahmen, die der psychologischen Beeinflussung des Gegners dienlich sind. Zur Erläuterung soll hier die militärische Vorschrift „Truppenführung" zitiert werden, worin es heißt:

> *„Maßnahmen des psychologischen Angriffes umfassen vor allem die Verbreitung falscher oder ungünstiger Nachrichten über die Führung und die Lage, Versprechungen für den Fall der Einstellung des Kampfes sowie für die Gestaltung der Zukunft, aber auch Drohungen. [...] Der kombinierte subversive und psychologische Angriff kann darauf abzielen, politische Ziele ohne Aggression durchzusetzen."*[77]

Die wissenschaftliche Erforschung aller dieser Phänomene und Faktoren, die Entwicklung von Modellen und Methoden zur Anwendung respektive Abwehr von Angriffen dieser Art ist der Gegenstand der „Theorie der psychologischen Kampfführung". In dieses Wissenschaftsfeld der Truppenpsychologie wirken zahlreiche Wissenschaftsge-

---

[77] Vorschrift des Bundesministeriums für Landesverteidigung zu Erl. Zl.384.357-Op/65: Truppenführung (TF), Wien 1965, S. 69.

biete hinein, die ihre Erkenntnisse im militärischen Rahmen zu Geltung bringen können. Einen wesentlichen Bestandteil jedoch erfüllen die Kommunikationswissenschaften, die mit den Bereichen Öffentlichkeitsarbeit, Propaganda sowie Presse- und Medienwesen vertreten sind. Während in den anderen Bereichen der Militärwissenschaften die Kenntnisnahme dieser psychologischen Aspekte zum integralen Bestandteil des jeweiligen Wissenschaftsfeldes zählt, haben diese im Rahmen der Truppenführung gesondert behandelt zu werden, da die Psychologische Kampfführung/PSK eine eigene Materie darstellt, für die einerseits Truppen herangebildet und gesondert geführt werden. Andererseits wirkt sie sich als Querschnittsmaterie auf alle Truppengattungen aus und vermag Sieg oder Niederlage im Gefecht entscheidend mitzubestimmen. Ein Beispiel aus den Tagen des Kalten Krieges soll verdeutlichen, welcher Stellenwert der PSK im Rahmen der deutschen Bundeswehr beigemessen wurde:

„In den Lehr- und Forschungsstätten erfolgte die lehrgangsgebundene Ausbildung von PSK-Personal, die zur Durchführung der Informationseinsätze befähigte. Ferner erhielten Bundeswehrsoldaten [...] Kenntnisse zur Abwehr gegnerischer Propaganda. Demzufolge wurde an den Lehr- und Forschungsstätten in offensiver und defensiver PSK ausgebildet. Überdies wurden hier militärische und wissenschaftliche Forschungen für die Grundlagenerarbeitung auf dem gebiet der PSK durchgeführt. Bis zu 40 Bundeswehrsoldaten und 20 zivile Wissenschaftler waren zugleich an den Forschungsstätten der PSK tätig.“[78]

Waren es während des Kalten Krieges vor allem die ideologischen Aspekte zwischen den beiden Blöcken, die die Themen für die PSK vorgegeben haben, so sind die Herausforderungen, wie sie heute mit den Friedensexpeditionen eng verknüpft sind, von vielschichtiger Natur. Welche Auswirkungen diese Maßnahmen im Rahmen der PSK für die Truppe zeitigen, wurde beispielsweise sehr deutlich im Rahmen der Jugoslawienkriege in den neunziger Jahren des vorigen Jahrhunderts erkennbar.[79] Die Truppenpsychologie bildet daher unzweifelhaft einen wesentlichen Bestandteil der Truppenführung.

---

[78] Drews, Dirk: In Konflikten nachhaltig kommunizieren – am Beispiel der Psychologischen Kampfführung (PSK) der Bundeswehr. In: Österreichische Militärische Zeitschrift 1/2008, S. 62.
[79] Siehe dazu: Geyer, Georg: Siegt die Wahrheit? Gedanken zur Wechselwirkung von Propaganda, Massenmedien und Meinungsbildung. In: Österreichische Militärische Zeitschrift 4/2005, S. 460–462.

6.5 Die Theorie der militärischen Ausbildung und Erziehung

Die Heranführung des Staatsbürgers an die Wehrhaftigkeit hat mit der Anerziehung eines Wehrwillens im Elternhaus und in den öffentlichen Bildungseinrichtungen zu beginnen. Nur dadurch ist gewährleistet, dass der junge Mensch den Wert des Staates erkennt und damit verbunden gewillt wird, diesen Wert auch erhalten bzw. verteidigen zu wollen. Wird dem Bürger dies nicht vermittelt, der Wert des Staates nicht bewusst gemacht, dann bedeutet er dem Bürger nicht sehr viel, er ist für ihn in weiten Bereichen wertlos. Ist der Staat wertlos, erscheint es auch nicht sehr sinnvoll, sich dafür aufopfern zu wollen. Der Bürger wird damit zum „politischen Opportunisten" (erzogen), nach dem Motto: Eigentlich ist mir der Staat egal, wichtig ist nur, dass ich den größtmöglichen Nutzen daraus ziehen kann. Mit dieser Ausgangssituation wird es für den Staat schwierig, die Bürger zur Verteidigung desselben zu motivieren.

Wenn dieses Mindestmaß an Wehrwilligkeit nicht vorhanden ist, wird der Bürger alle Maßnahmen des Staates, die das Individuum auf irgendeine Weise zum Dienst am Staat verpflichten, als repressive Zwangsmaßnahme empfinden und daher zumindest nicht darüber erfreut sein, in den meisten Fällen werden die Bürger solcherlei Verpflichtung sogar ablehnen. Damit kommen wir wieder zurück zur Wehrwilligkeit, die sich im Erlernen des Militärhandwerks manifestieren soll. Dies sollte im Idealfall einen Akt der euphorischen Partizipation darstellen, dem sich jeder Bürger freiwillig zu unterziehen gewillt ist. Der Wehrdienst wird in einem Staat, dem es nicht gelungen ist, seine Bürger vom Wert dessen, was er bieten kann und von der Notwendigkeit diesen zu erhalten, zu überzeugen, abgelehnt. Der Wehrdienst wird in weiterer Folge durch die Bürger in Frage gestellt und seine Notwendigkeit kritisiert. Dies ist dann der Zeitpunkt, wo aus politisch-opportunistischen Motiven heraus gerne auf die Möglichkeit der Abschaffung des Wehrdienstes zurückgegriffen wird. Begründet wird dies dann mit Phrasen wie: „Nicht mehr zeitgemäß, obsolet, zu kostenintensiv, in Zeiten des Friedens nicht notwendig usw."

Der Bürger muss daher durch die staatliche Bildung und Erziehung bereits auf das Wehren vorbereitet sein und sollte die Ausbildung im Militärhandwerk an sich nicht in Frage stellen. So vorbereitet tritt der Bürger idealerweise in das militärische System ein und er erhält dort seine Ausbildung und Erziehung zum Soldaten. Vom Militär verlangen zu wollen, die Willensbildung und das Bekenntnis zum Staat ab dem Eintritt in die Streitkräfte zu vermitteln, greift viel zu kurz, denn wenige Monate militärischer Ausbildung und Erziehung können die erforderliche Zeit zur Anerziehung eines Wehrwillens nicht aufholen. Im Rahmen der militärischen Ausbildung und Erziehung soll Wehrfähigkeit vermittelt werden und der Wehrwille durch die Erziehung zum Soldaten vervollkommnet sein, damit nach der Ableistung des Wehrdienstes der verantwortungsvolle, wehrhafte Bürger, also der fertig geschulte Bürger, der Citoyen, als nunmehr vollwertiges Mitglied des Staates erzeugt worden ist.

Gegenstand der militärwissenschaftlichen Disziplin der Theorie der militärischen Ausbildung und Erziehung ist demzufolge die systematische Gewinnung von relevanten Aussagen über Inhalt, Form und Methoden der Heranbildung des Bürgers auch zum Soldaten, seiner Positionierung und der des militärischen Systems in der Gesellschaft, der Traditionen und kulturellen Gepflogenheiten, der Frage des Berufsethos sowie aller systemimmanenten Problemstellungen, die mit dem Begriff der Unternehmenskultur umrissen werden können. Als essentiell in diesem Zusammenhang erweisen sich auch die Erlernung des Militärhandwerks und die damit verbundene körperliche Ertüchtigung. Die militärische Erziehung zielt dabei auf die Vermittlung von Werten, die internalisiert, das soldatische Handeln in jeder Situation bestimmen müssen:

> *„Gesellschaft und Armee brauchen nicht nur gebildete, fachlich kompetente und gut ausgebildete Soldaten, sondern auch solche, deren Entscheidungen auf einer gemeinsam erarbeiteten, von Verantwortung geprägten Wertebasis aufbauen. Die so verinnerlichten Werte sollen das soldatische Handeln auch unter großer Belastung leiten. Die militärische Erziehung richtet sich damit auf die Grundhaltung des Soldaten. Sie will einen Beitrag zur Entwicklung der Grundhaltung leisten und so ihren Teil dazu beitragen, verantwortungsvolle Soldaten heranzubilden, die den Sinn ihrer Aufgabe verstehen und sich nach bestem Wissen und Gewissen, rechtskonform und verhältnismäßig, für die Erfüllung ihres (legitimen) militärischen Auftrages einsetzen."[80]*

Die militärische Ausbildung soll den Bürger zum richtigen Handeln im Gefecht hinführen und dadurch die Ausfallswahrscheinlichkeit weitgehend herabmindern helfen. Dies betrifft jedoch nicht nur das Individuum, sondern, aufbauend auf das Einzelkönnen, die Verschmelzung dieser Fähigkeiten im Rahmen von Gemeinschaften, die sich, von Führungsebene zu Führungsebene aufsteigend und immer umfangreicher werdend, dann im gesamten Militär als gelerntes Handwerk aller wiederfinden soll:

> *„Ausbilden innerhalb der Armee bedeutet die Herstellung von militärischer Funktionalität für den Verteidigungsfall. Ausbildungsprozesse schließen Formalausbildung, Waffenausbildung und Gefechtsausbildung ein. Das Bestimmungsmerkmal für Ausbildung ist das Können. [...] Können wird hier als psycho-motorische Kategorie definiert. Können bedeutet, dass die psychische Organisation des Soldaten mit zweckgerichteten Bewegungen verknüpft worden ist, nachweisbar an beobachtbaren Handlungen. Wissen, wie man das macht und sich der Aufgabenerfüllung persönlich verpflichtet fühlen, sind Vorbedingungen des Könnens, nicht Ersatz dafür."[81]*

Die Vermittlung des militärischen Basishandwerks, also der bereits erwähnten Gefechtstechnik, ist immer auch mit körperlicher Anstrengung verbunden, sodass seitens der Ausbildungsvorschriften die körperliche Ertüchtigung im Rahmen des Militärsports einen besonderen Stellenwert einnimmt. Sport ist somit im Rahmen des Militärs nicht als Selbstzweck zu betrachten, sondern immer Mittel zum Zweck. Dies betrifft auch die

---

[80] Baumann, Dieter: Militärethik. Theologische, menschenrechtliche und militärwissenschaftliche Perspektiven, Stuttgart 2007, S. 581 f.
[81] Royl, Wolfgang: Zur erziehungswissenschaftlichen Rekonstruktion der Militärpädagogik. In: Trotsenburg, Edmund van: Militärpädagogik, Frankfurt am Main 1989, S. 49.

im Rahmen des Militärs geförderten Spitzensportler, denen die Aufgabe der Vorbildwirkung und der Motivation der Bevölkerung zur Sportausübung als Grundlage für das
Erlernen des Militärhandwerks zukommt. Zu den militärischen Sportarten zählen daher
all jene, die sich mit dem Aufbau von Kondition, Ausdauer, Beweglichkeit und Kraft
sowie mit dem Schießen, Orientieren und Überlebenstraining beschäftigen. Auch hier
hat der Staat im Rahmen der öffentlichen Bildung an den Schulen dafür Sorge zu tragen, dass die Bürger in einem guten gesundheitlichen Zustand in die Streitkräfte eintre-
ten können.

Auf den Punkt gebracht beschäftigt sich die Erziehung mit dem „rechten Tun" der
Soldaten[82] und des Militärs in seiner Gesamtheit und die Ausbildung mit deren „richti-
gem Tun". Die Theorie der militärischen Ausbildung und Erziehung bedient sich dazu
dreier eigenständiger Forschungsfelder, die im Hinblick auf die Verknüpfung bzw.
Ableitung aus den zivilen Wissenschaftsbereichen allesamt interdisziplinär angelegt
sind und sehr eng mit den anderen Teildisziplinen der Militärwissenschaften verwoben
sind, insbesondere aber mit der Theorie der Truppenführung, die im Ausbildungsbereich aufgrund ihrer wissenschaftlichen Erkenntnisse die Anforderungen an die Ausbildung und Erziehung hinsichtlich ihres Gehaltes bestimmt, da sich dies nur aus den militärischen Extremsituationen, Gefechten und Krisenszenarien ableiten lässt. Die Theorie
der militärischen Ausbildung und Erziehung teilt sich auf in die drei Forschungsfelder
der „Militärethik", der „Militärpädagogik" und der „Militärsoziologie", die nun einzeln
kurz vorgestellt werden sollen.

6.5.1 Die Militärethik

Die Militärethik nähert sich aus zwei Richtungen ihrem Forschungsgegenstand an, sie
untersucht einerseits den einzelnen Soldaten in seinem Tun und Handeln, andererseits
beschäftigt sie sich mit der Institution Militär, ihrem Berufsethos und ihrem Selbstverständnis, wie dies in der nachfolgenden Definition dargestellt wird:

> „I) Militärethik als angewandte Ethik
> a) beschreibt, analysiert und beurteilt bzw. rechtfertigt militärische Einsätze,
> Institutionen, Handlungen und damit verbundenes staatliches Verhalten unter
> einem ethischen Gesichtspunkt. Sie formuliert dazu Kriterien der legitimen
> militärisch-organisierten Gewaltanwendung und Gewaltandrohung,
> b) definiert Maßstäbe des Handelns, Verhaltens und der Haltung von Mili-
> tärpersonen;
> c) bildet diese Maßstäbe soldatenorientiert aus und benennt Kriterien zur
> Auswahl von Soldaten.
> II) Zentraler Teil der Militärethik ist die Frage nach der militärisch-
> organisierten Gewaltanwendung und Gewaltandrohung Es geht um die Frage:

---

[82] Vgl. Stadler, Christian: 20 Jahre „Military-Ethics-Conference" in den USA. In : Österreichische Militärische Zeitschrift 3/2000, S. 348.

Wann darf der Mensch als Soldat physische Gewalt androhen, anwenden oder sogar töten, wie darf/muss/soll er Gewalt androhen/anwenden und wann darf/muss der Staat und die Institution Armee ihre Soldaten dem Risiko aussetzen, getötet zu werden? Was folgt daraus für die institutionelle Organisation sowie die Kontrolle des Militärs?

III) Militärethik analysiert kritisch bestehende Verfassungen, Gesetze, Verordnungen und Vorschriften bezüglich des Einsatzes und der Organisation der Institution Armee und versucht diese, wenn nötig, im Rahmen des Rechtsordnungsprozesses zu verändern."[83]

Die Militärethik hat also ständig auch die gesellschaftlichen Strukturen, Prozesse und Werthaltungen zu analysieren und mit dem militärischen Selbstverständnis zu vergleichen. Sie muss sich mit den Fragen des Berufsethos kritisch auseinandersetzen und hat in ihrer Lehre zu erklären, was die Ehre des Soldaten kennzeichnet, welche Werte er zu vertreten hat und wann er seine Stimme zu erheben hat und Courage zeigen muss. Gehorsam hat vermittelt zu werden, ohne Kadavergehorsam zu erzeugen – Tapferkeit, Treue und Opferbereitschaft sind soldatische Tugenden, sie sollen immer im Kontext mit Wertschätzung gegenüber dem Staat und Liebe zum Vaterland vermittelt werden. Das Militär soll als Teil der Gesellschaft begriffen werden und nicht als Subsystem des Staates im Sinne des Staates im Staat, woraus sich der interdisziplinäre Ansatz zwingend logisch von selbst ergibt:

"The science of military ethics seeks to study objectified values and norms pertinent to military conduct; as well as their (mis)application. [...] By the same token, the ethicists working for the Faculty of Military Sciences maintain open channels of communication with civilian universities."[84]

6.5.2 Die Militärpädagogik

Der Militärpädagogik kommt in erster Linie die Gestaltung der Form der militärischen Ausbildung und Erziehung zu. Ihr Gegenstand ist daher die Gewinnung von relevanten Aussagen über die Erreichung einer optimalen Ausbildung und Erziehung sowie die Erforschung und Darlegung entsprechender Methoden. In diesem Zusammenhang kommt einer den ethischen Grundsätzen folgenden Definition – sicher auch zu automatisierenden – Verhaltensweisen und Abläufen auf den einzelnen Führungsebenen, bis hin zu gefechtstechnischen Reflexen, bedingt durch drillmäßiges Üben innerhalb von

---

[83] Baumann, Dieter: Militärethik/Theologische, menschenrechtliche und militärwissenschaftliche Perspektiven, Stuttgart 2007, S. 135 f.

[84] Übersetzung (Stupka): Die Wissenschaft der Militärethik untersucht vergegenständlichte Werte und Normen, die im Bereich der militärischen Führung relevant sind; ebenso ihre Anwendung und Nichtanwendung [...]. Aus diesem Grund pflegen Ethiker, die im Bereich der Militärwissenschaften tätig sind, offene Kontakte mit den zivilen Universitäten. Baarda, Th.A. van; Verweij: D.E.M.: Military Ethics/The Dutch Approach, Leiden 2006, S. 8.

Organisationen, aber auch für den Einzelnen, eine besondere Bedeutung zu, um letztendlich jenes Verhalten und Können zu erreichen, das das Militär (die Streitkräfte), den Soldaten ausmacht:

„Der Weg zur Sicherheit und Automatik führt über das drillmäßige Üben. Üben heißt immer wieder das gleiche tun, um durch Wiederholungen die Leistung zu steigern. Um die Sicherheit und Automatik zu erreichen, müssen die Forderungen immer mehr gesteigert werden. Die Sicherheit wird gesteigert, wenn eine immer schnellere Ausführung verlangt wird. Wenn der Soldat durch äußere Reize (Licht, Lärm) abgelenkt wird, kann die Automatik der Bewegungen gefördert werden."[85]

Der Militärpädagogik fallen auch, jedoch in enger Zusammenarbeit mit dem Bereich Streitkräfteorganisation, die Einrichtung und Konfiguration des militärischen Bildungssystems und der militärischen Bildungs- und Ausbildungsstätten zu. Dabei hat die Vermittlung militärischen Könnens immer darauf Bedacht zu nehmen, dass für alle Soldaten ein bestimmtes Mindestmaß an Können vorhanden sein muss, um das Individuum als Soldat bezeichnen zu können – die so genannte Feldverwendungsfähigkeit. Zum Wesen des Militärs zählt daher auch die über das durchschnittliche Maß hinausgehende, jedoch notwendige Bindung an Normen und Regeln, die es ermöglichen, viele Menschen rasch und zielgerichtet zum erfolgreichen Agieren zu veranlassen. Die Notwendigkeit ergibt sich aus dem Wesen des Einsatzes in seinen unterschiedlichsten Ausprägungen, der den Schwachen und schlecht Ausgebildeten in der Regel einem hohen persönlichen Risiko aussetzt.

Die Vermittlung eines umfangreichen Lehrstoffes, dessen Automatisierung zur professionellen Gefechtstechnik und die aus der gesellschaftlichen Erwartungshaltung herrührende und auch volkswirtschaftlich begründbare, gebotene Beschränkung in der Ausbildungszeit im Rahmen des Wehrdienstes erfordern eine besondere Didaktik zur Vermittlung der Lehrinhalte im Rahmen der militärischen Ausbildung und Erziehung. Die Formung des Bürgers zum Soldaten und in weiterer Folge zum wehrhaften Menschen, der nicht nur wehrwillig, sondern über das Kollektiv des Militärs auch wehrfähig gemacht wird, unterscheidet das Militär von allen anderen Ausbildungseinrichtungen insofern, als sie dort für sich lernen und das Gelernte dann individuell in den gesellschaftlichen Weiterentwicklungsprozess einbringen können.

Im militärischen Funktionsprozess muss von allen Soldaten vorausgesetzt werden können, dass sie a priori das Richtige in das Handeln des Kollektivs einbringen, da ansonsten der Gesamtorganisation droht, nicht entsprechend zu funktionieren, was durch die Zweckbestimmung der Funktionalität im Kriege, auf das Instrument im Besonderen und den Staat im Allgemeinen, fatale Auswirkungen zeitigen muss. Die Totalität des Krieges erzwingt daher die Schaffung eines „totalen Instrumentes", das dem angemessen zu begegnen vermag und damit letztendlich dem Bürger, als Element eben-

---

[85] Jung, Hermann; Florian, Heinz: Grundlagen der Militärpädagogik/Eine Anleitung zu pädagogisch verantwortetem Handeln, Frankfurt am Main 1994, S. 153.

dieses Instrumentes, die besten Voraussetzungen schafft, den Krieg heil zu überstehen. Diese Aspekte begründen die Notwendigkeit zur absoluten Disziplin, die wir bereits mehrmals als oberste Maxime soldatischen Seins analysiert haben:

> *„Der totale Charakter der Militärorganisation hängt seinerseits von gewissen Annahmen über das soziale Verhalten ab; zu denken ist dabei an den Auftrag dieser Organisation, auch unter den Bedingungen der Schlacht zu bestehen. Es sind diese Imponderabilien des Krieges, verbunden mit der Annahme, die sozialen Beziehungen der Individuen würden unter den Bedingungen des Gefechts zerbrechen, die in der Regel zur Legitimation strikter Disziplin herangezogen worden sind. Disziplin kann in diesem Zusammenhang als das Ansinnen einer übergeordneten Instanz gegenüber den Mitgliedern einer Organisation bezeichnet werden, allgemeinen Verhaltensvorschriften zu genügen und situationsspezifischen Anweisungen zu gehorchen. Dieses Ansinnen wird von Seiten der Organisation mit einer Reihe allgemeiner Normen, Sanktionen und Sozialisationsbemühungen durchzusetzen getrachtet. Im Falle der Militärorganisation ist das mit der Disziplinierung verfolgte Ziel die Ausschaltung von Ungewissheit, anders gewendet, die Vorhersagbarkeit des Verhaltens der Truppen unter den Bedingungen der Schlacht. Aus diesem Grunde gehören die Verleihung von Autorität an bestimmte Positionen und die Disziplin zum Kern aller Militärorganisationen wie auch zu den wichtigsten Themata der Militärwissenschaft.“*[86]

Die Grundprinzipien der Heranbildung von Soldaten ändern sich in der Regel nicht, das Ergebnis militärischer Ausbildung und Erziehung hat der wehrhafte Bürger zu sein. Was allerdings einem Wandel unterlegen ist, manifestiert sich in der gesellschaftlichen Entwicklung, der individuellen und politischen Zugänge in den jeweiligen Epochen bzw. der daraus erfließenden individuellen Schwerpunktsetzung, der Mode, dem Lifestyle, der kulturellen Aspekte usw. Das ist der Grund, weshalb die Verbindung zwischen dem „Sonderling" Militär und der gesellschaftlichen Entwicklung nie abreißen darf. Ein Unterbruch dieser Verbindung bewirkt im System Militär ein Verknöchern und Festhalten an Vorstellungen, die mit der Auffassung der Bürger und den Vorstellungen der in dem Staat eingebetteten Gesellschaft nicht konform gehen. Dies gar nicht so weit kommen zu lassen, ist die Aufgabe der Militärsoziologie, die an dieser Schnittstelle zwischen Militär und Gesellschaft operiert.

---

[86] Meyer, Peter: Kriegs- und Militärsoziologie, Augsburg 1977, S. 111.

6.5.3 Die Militärsoziologie

Der Gegenstand der Militärsoziologie ist die systematische Gewinnung von Erkenntnissen über die Entwicklungen in der Gesellschaft und ihre Auswirkungen auf das System Militär sowie die innerhalb dieses Systems notwendige Ausbildung und Erziehung unter Berücksichtigung aller sittlichen, kulturellen und politischen Aspekte. Eine allgemeine Charakterisierung der Militärsoziologie stellt sich daher wie folgt dar:

> *„Einmal werden unter Anwendung gesellschaftstheoretischer Ansätze originär-spezifische Themen untersucht wie beispielsweise das Konzept der Inneren Führung, das zivil-militärische Verhältnis oder die spezielle Ausprägung von Wehrsystemen. Zum anderen werden allgemeine gesellschaftsrelevante Fragestellungen am Beispiel des Subsystems Militär analysiert. Hierzu zählen unter anderem Kultur, Tradition und Gender. [...] Militärsoziologie ist in hohem Maße interdisziplinär. Sie umfasst sozialwissenschaftliche Forschung mit schwerpunktmäßig soziologischen und politikwissenschaftlichen Fragestellungen. [...] Militärsoziologie ist multiperspektivisch. [...] Entsprechend stehen der einzelne Soldat, die Militärorganisation oder auch Zusammenhänge zwischen Militär und Gesellschaft im Mittelpunkt der Analyse. [...] Militärsoziologie ist potentiell vergleichend."*[87]

So hat die Militärsoziologie beispielsweise zu erforschen, wer für das soldatische Handeln als traditionsbegründend gelten kann, da im Rahmen der militärischen Ausbildung und Erziehung auch Vorbilder zu erzeugen und Leitfiguren zu bestimmen sind, die als Richtmaß für die Soldaten und ihr Handeln gelten können. Diese Vorbildwirkung hat im Soldatentum immer umfassend zu sein und darf sich nicht auf einzelne Aspekte vorbildhaften Handelns beschränken, wenngleich ein einzelner besonders verdienstvoller Akt im Rahmen des individuellen Handelns zur Heranziehung ebendieses Menschen als vorbildhaft gereichen kann. Der zum soldatischen Vorbild erhobene und dadurch besonders geehrte Mensch muss also zusätzlich zu seiner besonders würdigenswerten Tat auch in allen anderen Bereichen dem militärisch gefordertem tugendhaften Verhalten entsprechen bzw. entsprochen haben.

Ein weiteres Aufgabenfeld der Militärsoziologie ist die Erforschung aller kulturellen Parameter, die dazu gereichen können, Auswirkungen auf das System Militär zu zeitigen. Angesichts einer Zunahme der Einwanderung von Menschen als Träger fremder Kulturen sind im Rahmen der Militärsoziologie deren Einflüsse auf die Perzeption der Wehrhaftigkeit zu untersuchen. Insbesondere in staatlichen Systemen, wo jedem Bürger die Möglichkeit zur Ausbildung im Militärhandwerk angeboten wird, fließen diese kulturellen Aspekte ins Militär ein, weshalb Richtlinien zu erarbeiten sind, wie mit diesen umgegangen werden soll. Auch die gegenwärtig verstärkte militärische Zusammenarbeit von Soldaten im Rahmen von Bündnissen zeitigt ein Aufeinandertreffen

---

[87] Leonhard, Nina; Werkner Ines-Jacqueline (Hrsg.): Militärsoziologie – Eine Einführung, Wiesbaden 2005, S. 18.

verschiedener Militärkulturen, deren harmonisches Zusammenwirken die Grundvoraussetzung für einen erfolgreichen Einsatz bildet.

Die in einem multinationalen Hauptquartier bzw. Truppenverband tätigen Soldaten sind üblicherweise durch sehr unterschiedliche militärisch-kulturelle Dispositionen und Identitäten geprägt, die nicht einfach abgelegt und durch transnationale Einstellungs- und Handlungsmuster ersetzt werden können. Jahre oder Jahrzehnte der beruflichen Entwicklung und Sozialisation bringen einen kulturellen Habitus hervor, den Hofstede als ,software of the mind' bezeichnet, und der auf der bewussten wie unbewussten Ebene das Verhalten der Akteure nachhaltig steuert. Wenn also in einem multinationalen Setting die Frage geklärt werden soll, warum sich Soldaten verschiedener Nationen unter gegebenen Bedingungen unterschiedlich verhalten, muss eine aussagekräftige Antwort auch die Rekonstruktion der handlungsleitenden kulturellen Hintergründe einschließen. "[88]

Die Vermittlung interkultureller Kompetenz im Rahmen der Militärsoziologie bildet im Rahmen des gegenwärtigen Aufgabenspektrums eine wesentliche Voraussetzung für die erfolgreiche Durchführung von Friedensexpeditionen. Ebensolche Bedeutung hat der Kulturgüterschutz im Rahmen der Einsätze erlangt, den die Militärsoziologie in ihren Forschungsbereich zu integrieren hat, da die gezielte oder auch unbeabsichtigte Vernichtung, Schändung oder Geringschätzung von Kulturgut, neben all dem menschlichen Leid, den Konflikte und Kriege mit sich bringen, ein weiteres wesentliches Konfliktpotential darstellt. An den militärischen Bildungsstätten sind daher in einem fortlaufenden Beurteilungsprozess jene für die Ausbildung und Erziehung der Soldaten wichtigen und notwendigen neuen Materien zu lehren, während andere in den Hintergrund treten oder überhaupt weggelassen werden können.

Die Theorie der militärischen Ausbildung und Erziehung hat sich als Teildisziplin der Militärwissenschaften daher immer um die gesellschaftlichen Entwicklungen zu kümmern, ihre Relevanz für das Militärwesen zu bestimmen und damit immer am so genannten „Puls der Zeit" zu sein. Sie hat sich mit den an den zivilen Forschungseinrichtungen entwickelten Methoden für die Ausbildung zu beschäftigen, diese zu prüfen und entsprechend angepasst in das militärische System zu übernehmen. Die Ausgewogenheit zwischen bewährtem Erfahrungswissen und neuen Ansätzen macht das System glaubwürdig, ein unnötiges Festhalten an nicht mehr benötigten Inhalten erweist sich an dieser Stelle als kontraproduktiv. Die Theorie der militärischen Ausbildung und Erziehung betrifft dies in besonderem Ausmaß, weshalb sie sich in erster Linie in der Vorbereitung und Hinführung zum soldatischen und militärischen Handeln als interdisziplinäres Wissenschaftsfeld besonders herausgefordert betrachten muss.

---

[88] Gareis, Sven Bernhard: Cross-Cultural Research als neue Herausforderung für die Militärsoziologie. In: Leonhard, Nina; Werkner Ines-Jacqueline (Hrsg.): Militärsoziologie – Eine Einführung, Wiesbaden 2005, S. 331.

6.6 Militärtechnik, Militärlogistik und Militärmedizin

Die letzte Teildisziplin der Militärwissenschaften ist ähnlich der Theorie der militärischen Ausbildung und Erziehung in einem hohen Ausmaß interdisziplinär angelegt. Mit Ausnahme der Militärmedizin beschäftigen sich diese Wissenschaftsfelder in erster Linie mit der Erforschung und Entwicklung von materiellen Gütern, die für das Funktionieren des militärischen Systems von entscheidender Bedeutung sind. So fallen in den Bereich der militärtechnischen Wissenschaften eine Vielzahl von Wissenschaftszweigen, von denen beispielsweise die Waffen- und Schießtechnik mit Ballistik, Schießlehre, Materialforschung usw. wesentliche Teilbereiche bilden. Aber auch die pioniertechnischen Wissenschaften, die sich mit Kriegsbrückenkonstruktion, Fährwesen, Schutzbauten, Minen und Sprengmitteln usw. beschäftigen, bilden eine sehr umfangreiche Sparte, ähnlich wie die gesamte militärische Kraftfahrzeugtechnik vom Krad bis zum Panzer, die Nachrichtentechnik und neuerdings Anwendungen von Weltraumtechnik.

Gegenstand der Militärlogistik ist die systematische Gewinnung von relevanten Aussagen zur Versorgung der Truppen mit Nahrungs- und Futtermitteln, Munition, Ersatzteilen sowie die Beschaffung und der Einkauf von Gütern zur Zufriedenstellung der militärischen Bedürfnisse und Anforderungen der kämpfenden oder sonst im Einsatz befindlichen Truppen. Die Erforschung neuer Möglichkeiten für Nachschub und Transport zählt ebenso zu diesem Bereich, wie die Herstellung entsprechender Unterstützungsmittel zur effizienten Gefechtsführung. Ein wesentliches Instrument der Führung bildet das gesamte Spektrum der militärischen Länderkunde. Die Versorgung der Truppen mit entsprechenden Hilfsmitteln wie Karten, die Erforschung der topographischen Daten und anderer im Rahmen der Länderkunde relevanter Merkmale ist die Aufgabe der Militärgeographie, die aus diesen Gründen immer zu den militärtechnischen Wissenschaftsgebieten gezählt wurde.

Die Militärmedizin teilt sich grundsätzlich in die veterinärmedizinischen Belange und in die Humanmedizin, wobei letztere den weitaus bedeutsameren Teil ausmacht. Die Veterinärmedizin konzentriert sich als militärwissenschaftliches Forschungsfeld in erster Linie auf die Hygiene und die ernährungstechnischen Belange im Rahmen von Massenabspeisungen, Massenunterkünften usw. Die Humanmedizin forscht einerseits in den Bereichen der Gesunderhaltung der Soldaten, insbesondere auch unter den derzeitigen Gegebenheiten bei Einsätzen in tropischen, subtropischen Gebieten oder Wüsten. Andererseits wird militärmedizinische Forschung betrieben zur Heilung von jenen Verwundeten, die nur aufgrund der besonderen Kriegseinwirkungen an bestimmten Schäden zu leiden haben, die im Frieden de facto nicht vorkommen und daher auch kaum Gegenstand der medizinischen Forschung außerhalb des Militärs sind. Beispielgebend dafür sind alle Arten der Schuss- oder Splitterverletzungen sowie die Auswirkungen beim Einsatz atomarer, biologischer oder chemischer Kampfmittel. Die kurze Beleuchtung dieses Teilgebietes der Militärwissenschaften zeigt schon, dass dieses ein weit aufgefächertes Feld darstellt, dessen Darstellung schwierig wird. Wir wollen es daher dabei bewenden lassen und im nächsten Schritt die Klassifizierung und übersichtliche Aufschlüsselung der Militärwissenschaften darstellen.

6.7 Begriffsfassung und Klassifizierung der Militärwissenschaften

Nach all den dargebrachten Ausführungen und Erkenntnissen im Bereich der Militärwissenschaften erscheint es nun geboten, zum Ausgangspunkt zurückzukehren und die Begrifflichkeit der Militärwissenschaften in einer kurz gehaltenen, umgreifenden Begriffsfassung zu beschreiben. Dies soll es ermöglichen, das Wesen dieser Wissenschaftsdisziplin überblicksmäßig zu erfassen und einen Ausgangspunkt für alle weiteren Untersuchungen zu bilden. Demgemäß ist festzulegen:

Unter den Militärwissenschaften ist die Gesamtheit aller wissenschaftlichen Erkenntnisse über die Gestaltung und die Verwendung von Streitkräften bei Einsätzen zu verstehen. Dabei wird einerseits die Begründungsdimension militärischen Handelns, das Phänomen des Krieges und seiner Ursachen, das strategische Handeln des politischen Gemeinwesens zur Überlebenssicherung im Sinne von Friedenssicherung und des Schutzes des Lebensraumes sowie der gesamte Bereich der dafür notwendigen Wehrhaftigkeit untersucht. Andererseits ist die Aufgabe der Militärwissenschaften die systematische Gewinnung anwendungsorientierter Erkenntnisse für das Instrument Militär selbst, dessen Vorbereitung auf den Einsatz, die Ausbildung und Erziehung der Soldaten, die militärischen Führungsweisen und die technischen Parameter militärischen Handelns in Frieden und Einsatz.

Die Wissenschaftsdisziplin der Militärwissenschaften, die in weiterer Folge in einer Gliederungsansicht dargestellt werden soll, fächert sich, den bisherigen Darlegungen zu Folge, in sechs große Wissenschaftsfelder auf. Innerhalb eines jeden dieser Wissenschaftsfelder erfolgt eine weitere Untergliederung in Wissenschaftsbereiche, die in sich abermals in Teilbereiche aufgegliedert sein können. Daraus ergeben sich grundsätzlich drei Gliederungsebenen, im Rahmen derer es sinnvoll erscheint, Spezialwissen zu separieren und konkrete Zuordnungen zu treffen. Ob dieser Spezialisierung ist es zwar möglich, Spezialwissen zu generieren, für die Erfüllung des Gesamtzweckes, nämlich den Erhalt und Schutz des Staates und seiner Bürger bzw. die effiziente Ermöglichung des Systems Militär als Instrument zur Zweckerreichung, genügt das Spezialwissen aus einer Sparte nicht. Es bedarf immer des Zusammenwirkens aller Teile der Militärwissenschaften, um ein geschlossenes Ganzes zu erzeugen:

1 Theorie der Militärwissenschaften
    1.1 Philosophie der Militärwissenschaften
    1.2 Methodologie der Militärwissenschaften
    1.3 Militärgeschichte

Die Wissenschaftsdisziplin der Militärwissenschaften ist in weiten Teilen inter- und/oder transdisziplinär angelegt, um durch eine intensive Zusammenarbeit und die Zurverfügungstellung der Erkenntnisse aus den anderen Wissenschaftsdisziplinen diese für den militärischen Bereich nutzbar zu machen und damit insgesamt auch das Leben des Staates und die Zufriedenheit seiner Bürger machbar zu gestalten.

Von der Notwendigkeit der Militärwissenschaften

7 Militärwissenschaften in praxi

An ihm sah ich wieder, dass jede Wissenschaft, auch die militärische, wenn großzügig erfasst, notwendigerweise über das enge Fachgebiet hinausreichen und sich mit allen anderen Wissenschaften berühren muss.

Stefan Zweig[89]

Die Militärwissenschaften haben, wie bereits dargelegt, im europäischen Kontext bereits eine Jahrtausende alte Tradition und werden daher in allen europäischen Ländern betrieben, allerdings eher nach nationalen Gesichtspunkten und daher, angepasst an die jeweiligen Umstände, mit unterschiedlicher Gewichtung und Ausrichtung. Unter dem Eindruck des Zusammenwachsens in Europa findet jedoch eine zunehmende Vernetzung der einzelnen nationalen Verteidigungsakademien und Militäruniversitäten statt, im Rahmen derer versucht wird, die Militärwissenschaften als Metaebene für die nationalstaatlichen Militärlehren zu etablieren. Dies ist allerdings ein erst begonnener Entwicklungsprozess, der durch den Umstand erschwert wird, dass die jeweiligen nationalen Ausbildungsgänge auf akademischem Niveau mangels einheitlicher Graduierungen keine entsprechenden gegenseitigen Anrechnungen finden. Dem soll nun durch die Einführung des Bologna-Prozesses in den Streitkräften entgegengewirkt werden, um letztendlich eine Harmonisierung von Führung und Verhalten sowie geisteswissenschaftlicher Ausrichtung zur Gewährleistung eines europäischen Standards in der Ausbildung zu erzielen.

Dies bedeutet aber auch, dass die Militärwissenschaften in allen europäischen Staaten gleichermaßen als Wissenschaftsdisziplin Anerkennung finden müssen und ein einheitliches Wissenschaftsfeld zu kreieren ist. Das Prinzip der verstärkten zivilmilitärischen Zusammenarbeit im Sinne eines umfassenden Einsatzes aller militärischen und nicht militärischen Wirkmittel (Comprehensive approach), insbesondere bei Friedenseinsätzen, verlangt zudem, dass die Militärwissenschaften als Studienfach an den Universitäten zu etablieren sind, um den fallweise anzutreffenden Anschein der „Geheimwissenschaft" ablegen und eine offene Beschäftigung gewährleisten zu können. Dies verfolgt den Zweck, das Verständnis ziviler und militärischer Zugänge, Notwendigkeiten und Erkenntnisse besser zu verstehen und im gegenseitigen Austausch durch erzielbare Synergien bestmöglich für das Gemeinwesen agieren zu können.

---

[89] Zweig, Stefan: Die Welt von gestern, Frankfurt am Main 2001, S. 215.

7.1 Militärwissenschaften in Österreich

Die Fachdisziplin der Militärwissenschaften ist in Österreich, wie bereits eingangs erwähnt, nicht für jeden Bürger als Studienfach an einer der zahlreichen Universitäten des Landes zu belegen. Dieser Umstand generiert sich in hohem Ausmaß aus der historischen Entwicklung des Landes nach dem Zweiten Weltkrieg. So war Österreich zunächst bis 1955 von den Alliierten besetzt und dem wieder-erstandenen Staat war es untersagt, eigene Streitkräfte aufzustellen, wodurch diese Frage in den Anfangsjahren der 2. Republik nicht gestellt wurde. Nach dem Abzug der Besatzungsmächte hatte sich Österreich zur so genannten Immerwährenden Neutralität bekannt und baute daher seine Streitkräfte außerhalb eines Bündnisses auf. Aus dieser Konstellation, die dem Bundesheer die militärische Landesverteidigung übertragen hatte, konnte auch die militärwissenschaftliche Forschung und Entwicklung im Rahmen der Streitkräfte belassen werden, da keinerlei Notwendigkeit bestanden hatte, sich im internationalen Rahmen mit derlei Fragen zu beschäftigen. Auch die heute so notwendige zivil-militärische Zusammenarbeit war in der Anfangsphase nur auf den Bereich der Unterstützung von zivilen Behörden durch das Militär bei Katastrophenfällen beschränkt. Verstärkt wurde dies durch den Umstand, dass mit der Landesverteidigung das Bestehen im Rahmen eines Großkonfliktes verbunden war, der dem neutralen Kleinstaat wenig Überlebenschancen zubilligte – eine groß angelegte Strategie zur Landesverteidigung gab es daher in den Anfangsjahren nicht.

Dies änderte sich allerdings mit der Entwicklung des Konzeptes der Umfassenden Landesverteidigung als jener Gesamtstrategie zur Erhaltung und Überlebenssicherung Österreichs im Falle einer bipolaren Blockkonfrontation. Es wurde damit die nationale zivil-militärische Zusammenarbeit in einem Ausmaß vertieft, die es notwendig gemacht hätte, bereits in den 1970er Jahren die Disziplin der Militärwissenschaften als reguläres Studienfach an den Universitäten zu etablieren oder im Rahmen der Streitkräfte eine Militäruniversität mit offenem Zugang für zivile Studenten zu schaffen. Die Vermittlung militärwissenschaftlicher Kenntnisse bzw. die gesamtstaatlich getragene Forschung in diesem Bereich wären dem Projekt und Verständnis für die so genannte Geistige Landesverteidigung sehr zuträglich gewesen. Nichtsdestotrotz wurde die militärwissenschaftliche Forschung und Entwicklung im Rahmen des Bundesheeres vorangetrieben und mit der Gründung der Landesverteidigungsakademie 1967 in Wien eine zentrale Forschungs- und Lehrstätte für diesen Bereich geschaffen.

An der Landesverteidigungsakademie, die seit ihrer Gründung als Forschungsstätte zügig ausgebaut wurde, konnten immer wieder bahnbrechende militärwissenschaftliche Erzeugnisse präsentiert werden, welche die sicherheitspolitische Entwicklung Österreichs maßgeblich beeinflussten und darüber hinaus ihre Wirkung auch in den europäischen Raum auszustrahlen vermochten. So konzipierte beispielsweise der damalige Kommandant der Landesverteidigungsakademie, General Emil Spannocchi, das so genannte Raumverteidigungskonzept als militärischen Beitrag zur Umfassenden Landesverteidigung – ein Konzept, das dem neutralen Kleinstaat seine Behauptung im Spannungsfeld zwischen Ost und West ermöglichte. Ein weiteres Beispiel bilden die Bemühungen von General Wilhelm Kuntner, der in der zweiten Hälfte der 1970er Jahre der Landesverteidigungsakademie als Kommandant vorgestanden hatte. Er gilt als einer der maßgeblichen Denker des Konzeptes der „Vertrauensbildenden Maßnahmen", das als „Konferenz für Sicherheit und Zusammenarbeit in Europa" seine Umsetzung erfuhr und somit entscheidend zur Beilegung des Ost-West-Gegensatzes beigetragen hat.

Ohne solide militärwissenschaftliche Forschung wären diese und viele andere Beiträge zur Friedensstiftung in Österreich und in Europa nicht möglich gewesen. Die Landesverteidigungsakademie vereint heute beinahe alle Komponenten der militärwissenschaftlichen Disziplin unter ihrem Dach, lediglich die Bereiche der Militärtechnik und Rüstungsforschung sowie die militärmedizinische Forschung werden durch andere Stellen im Rahmen des Bundesministeriums für Landesverteidigung und Sport (BMLVS) wahrgenommen. Somit werden alle Aspekte der Komponenten Theorie der Militärwissenschaften, Polemologie, Strategik, Theorie der Truppenführung, Theorie der militärischen Ausbildung und Erziehung sowie Militärlogistik an der Landesverteidigungsakademie beforscht und gelehrt.

Diese Ausgangsposition und die europäischen Bestrebungen, einen gemeinsamen Hochschulraum (Bologna-Prozess) zu schaffen, führten zu Überlegungen, auch in Österreich eine Universität des Bundesheeres (Militäruniversität) zu etablieren. Begonnen wurde diese Entwicklung bereits im Jahre 2002, als zunächst der an der Landesverteidigungsakademie zweisemestrig geführte Führungslehrgang zur Heranbildung von Kommandanten der mittleren taktischen Führungsebene sowie Leitern von Stabsabteilungen der höheren taktischen Führungsebene zu einem viersemestrigen Lehrgang universitären Charakters weiterentwickelt wurde. Ebenso kam es an der Theresianischen Militärakademie im Rahmen der Offiziersgrundausbildung, also der Heranbildung von Kommandanten und Fachoffizieren für die untere taktische Führungsebene, zur Einrichtung eines Fachhochschulstudienganges für den Bereich der Militärischen Führung. Die Ausbildung für die Bereiche der operativen und militärstrategischen Führung wird in Österreich durch die Heranbildung von Offizieren für den Generalstabsdienst geleistet. Diese so genannte Generalstabsausbildung wird an der Landesverteidigungsakademie für eine kleine Gruppe von nach einem Auswahlverfahren als besonders geeignet befundenen Offizieren angeboten und seit dem Beginn des neuen Jahrtausends in enger Kooperation mit der Universität Wien als individueller Diplomstudiengang für Höhere Militärische Führung durchgeführt. Zusätzlich gab es noch eine Reihe weiterer akademischer Ausbildungsgänge, wie beispielsweise im Bereich der Militärpädagogik in Zusammenarbeit mit der Universität Linz. Zudem besteht seitens des Bundesheeres ein großer Bedarf an akademisch gebildeten Offizieren für diverse Fachgebiete, wie beispielsweise Fremdsprachen, Juristerei, Wirtschaftswissenschaften, Psychologie, Soziologie usf., um die militärinternen Forschungs- und Lehraufträge erfüllen zu können. Diese Offiziere absolvieren in der Regel ein ziviles Studium und werden dann an der Landesverteidigungsakademie in zweisemestrigen Lehrgängen für die besonderen Bedürfnisse des Militärs weitergebildet. Die zunehmend zu betreibende Europäisierung und die eben dargelegte Vielfalt von Ausbildungsgängen im Bundesheer sowie die daraus gewonnene Erkenntnis, dass es für das System Militär von Vorteil sein könnte, diese Ausbildungen unter einem Dach zu fassen, veranlasste die militärstrategische Planung Überlegungen anzustellen, die in die Richtung der Schaffung einer Militäruniversität gehen. Diese Absicht veranlasste auch den Österreichischen Wissenschaftsrat (ÖWR) in seinem Bericht „Universität Österreich 2025: Analysen und Empfehlungen zur Entwicklung des österreichischen Hochschul-Wissenschaftsrats" zur Feststellung:

> *„Auch im militärischen tertiären Ausbildungsbereich könnte eine geeignete for-schungsgeleitete universitäre Struktur, einschließlich der Bologna-Studien-architektur, geschaffen werden, um Absolventen aus diesem Bereich europaweit akademische Anerkennung und Mobilität zu gewährleisten."* [90]

Eine entsprechende Analyse der militärwissenschaftlichen Ausbildung im ÖBH sollte letztens 2011 zu einer Empfehlung des ÖWR im Sinne obiger Feststellung führen.

Seit dem Ende des Kalten Krieges wurde zudem der Ausbau der Kooperationen mit nationalen und internationalen Forschungsstätten vorangetrieben, sodass heute zahlreiche Verbindungen zwischen der Landesverteidigungsakademie und zivilen Universitäten sowie einschlägigen ausländischen militärischen Einrichtungen zum Zwecke des Austausches von Erkenntnissen bzw. deren Weiterentwicklung bestehen. Dies manifestiert sich in gemeinsamen Forschungsprojekten, Veranstaltungen und im Austausch von Studenten sowie in der Implementierung von Studiengängen, die von den zivilen Universitäten als Ausbildung auf akademischem Niveau anerkannt werden.

Besonders hervorzuheben sind in diesem Zusammenhang die beiden Gremien „Wissenschaftskommission beim BMLVS" und der „Kommission für die wissenschaftliche Zusammenarbeit mit Dienststellen des BMLVS" der Österreichischen Akademie der Wissenschaften. Diese beiden seit Jahren existierenden Gremien tragen wesentlich zur Vertiefung der Beziehungen zwischen Militär und Zivilwelt auf wissenschaftlicher Ebene im Sinne einer gelebten zivil-militärischen Zusammenarbeit bei. Die Zusammenarbeit ist vor allem durch die Umsetzung gemeinsamer Projekte gekennzeichnet und verleiht damit der militärwissenschaftlichen Forschung in Österreich einen entsprechenden Rückhalt.

Dennoch sind die Militärwissenschaften in der österreichischen Bildungslandschaft noch nicht strukturiert abgebildet, ein Umstand, der es Interessierten außerhalb des militärischen Ausbildungssystems verunmöglicht, sich diesem Wissenschaftsfeld eingehender zu widmen bzw. dieses öffentlich zu studieren. Dadurch unterscheidet sich die österreichische Situation von den meisten Bildungssystemen, wie wir sie heute in Europa vorfinden, wo die Militärwissenschaften als integraler Bestandteil der jeweiligen Bildungslandschaft firmieren. Es besteht daher diesbezüglich ein gewisser Nachholbedarf von österreichischer Seite, um sich als gleichberechtigter Partner auch im militärwissenschaftlichen Bereich innerhalb Europas positionieren zu können.

---

[90] Wissenschaftsrat 2009, S. 119.

7.2 Militärwissenschaften in Europa

Die militärwissenschaftliche Forschung und Lehre im europäischen Kontext gestaltet sich durchwegs äußerst unterschiedlich hinsichtlich ihrer organisatorischen und strukturellen Implementierung in die jeweiligen nationalen Wissenschaftslandschaften. So sind beispielsweise die Militärwissenschaften in der Schweiz eng an die Eidgenössische Technische Hochschule in Zürich gekoppelt, in Finnland, Polen und Tschechien existieren eigene Militäruniversitäten, die allen Bürgern das Studium der Militärwissenschaften eröffnen. In Schweden hingegen findet die militärwissenschaftliche Ausbildung an einer zivilen Universität statt. Dabei ist bemerkenswert, dass an der Militäruniversität Warschau die gesamte nationale Sicherheitsforschung in enger Abstimmung mit den Streitkräften betrieben wird und die Absolventen dieser Universität in hoher Zahl im staatlichen Sicherheitssektor eine Anstellung finden. Ungarn durchläuft derzeit einen Prozess der Zusammenlegung der Militäruniversität mit zivilen Hochschulen. In Deutschland wird die militärische Ausbildung im Bereich der Militärischen Führung innerhalb der Bundeswehr an der Führungsakademie in Hamburg durchgeführt, während beispielsweise für die Bereiche Militärgeschichte und Militärsoziologe eigene Studiengänge an der Universität Potsdam eingerichtet wurden, die gemeinsam von Universität und Bundeswehr betrieben werden.

Auch im Hinblick auf die europäische militärische Vernetzung, die im Rahmen der gemeinsamen Sicherheits- und Verteidigungspolitik (GSVP) von Bedeutung ist, sind unter anderen besonders zwei Faktoren für die Zusammenarbeit zwischen Streitkräften wesentlich: Interoperabilität und akademische Bildung. Interoperabilität schafft die Voraussetzung zur Zusammenarbeit von Streitkräften im multinationalen Rahmen und beinhaltet die Fähigkeit zur gemeinsamen Ausbildung und Übung sowie zum Zusammenwirken im militärischen Einsatz. Mit der akademischen Bildung und Ausbildung werden auch die Vorgaben und Prinzipien des europäischen Hochschulrahmens erfüllt.

Militärwissenschaften ermöglichen neue berufliche Perspektiven und Verbesserungen durch Vergleichbarkeit, wechselseitige Anerkennung, Mobilität, Durchlässigkeit und Qualität des internationalen und multinationalen Zusammenwirkens von und mit Streitkräften.

So unterschiedlich alle diese Ansätze in Europa auch sind, es ist ihnen gemeinsam, dass diese Länder die Notwendigkeit der zivil-militärischen Zusammenarbeit erkannt haben und in entsprechendem Maße auch umsetzen. Jedem Bürger in den genannten Ländern ist es daher möglich, Militärwissenschaften öffentlich zu studieren und mit anderen Studienrichtungen zu kombinieren.

8 Epilog

Das Militär ist mit dem Staat untrennbar verbunden und bildet die Wehrkomponente staatlichen Seins. Dies gilt auch für das nun zusammenwachsende Europa, gleichviel ob sich dieses zu einem Gesamtstaat wie die USA entwickelt oder eine lose Verbindung einzelner Nationalstaaten zu sein beabsichtigt. In jedem Fall haben die Militärs der Mitgliedsstaaten der Europäischen Union zu kooperieren und auf allen Ebenen ihre Zusammenarbeit zu vertiefen, um das große Friedensprojekt gelingen zu lassen. Die beschlossene Europäische Sicherheits- und Verteidigungspolitik soll dieser Notwendigkeit den Weg bahnen. Dies alles muss, um gelingen zu können, von den Bürgern in Europa getragen werden, woraus sich die Forderung nach Aufklärung über die Belange des Militärwesens ergibt. Die Militärwissenschaften bilden die Grundlage allen zielgerichteten und effizienten politischen Handelns mit dem Instrument Militär, weshalb eben diese Wissenschaftsdisziplin im europäischen Rahmen auf universitärem Niveau zu etablieren wäre. Gleichzeitig muss den Bürgern die Möglichkeit eröffnet werden, sich dem Studium dieser Wissenschaft zu widmen, um den Herausforderungen, die sich aus der zivil-militärischen Zusammenarbeit ergeben, viel besser Rechnung tragen zu können. Dies betrifft vor allem auch die österreichische Situation, die sich in dieser Hinsicht mit dem Gros der europäischen Staaten noch nicht auf derselben Entwicklungsstufe innerstaatlicher akademischer Anerkennung befindet.

Die Notwendigkeit zur Etablierung der Militärwissenschaften im österreichischen gesamtstaatlichen Kontext als Beitrag zum Gelingen des europäischen Friedensprojektes ist somit hoffentlich schlüssig darzulegen und nachhaltig anzuregen gelungen.

THUKYDIDES (460–395 v. Chr.),

Strategos („General") und griechischer Historiker aus ALIMOS,
Autor der „Geschichte des Peloponnesischen Krieges",
„Vater der wissenschaftlichen Geschichtsschreibung",
„Vater der Schule des politischen Realismus".

Abb. 1: **Statue des THUKYDIDES vor dem Österreichischen Parlament, Wien.**
(Linke Auffahrtsrampe: 1. Statue unten, rechts)

9 Quellenhinweise

John I. ALGER, 1985: Definitions and Doctrine of the Military Art, Verlag Avery Publishing Group Inc., West Point/New York.

ARISTOTELES, 1981: Politik, Verlag Meiner, Hamburg.

ARISTOTELES, 1995: Nikomachische Ethik, Verlag DTV, München.

Th. A. van BAARDA u. D.E.M. VERWEIJ, 2006: Military Ethics / The Dutch Approach, Verlag Brill/Martinus Nijhoff publishers, Leiden.

Dieter BAUMANN, 2007: Militärethik / Theologische, menschenrechtliche und militärwissenschaftliche Perspektiven, Verlag W. Kohlhammer, Stuttgart.

Gaston BOUTHOUL, 1951: Les Guerres / Elements de Polémologie, Verlag Payot, Paris.

Gaston BOUTHOUL, 1972: Kindermord aus Staatsraison, Verlag DVA, Stuttgart.

Ortwin BUCHBENDER u.a., 1992: Wörterbuch zur Sicherheitspolitik, Verlag Mittler, Herford.

Vorschrift des BUNDESMINISTERIUMS FÜR LANDESVERTEIDIGUNG zu Erl. Zl.384.357-Op/65, 1965: Truppenführung (TF), Heeresdruckerei, Wien.

Carl v. CLAUSEWITZ, 1991: Vom Kriege, Verlag Dümmler, Bonn.

Charles DARWIN, 2009: Gesammelte Werke, Die Abstammung des Menschen, Verlag Zweitausendeins, Frankfurt am Main.

DEUTSCHER MILITÄRVERLAG (Hrsg.), 1971: Militärlexikon, Berlin (Ost).

Dirk DREWS, 2008: In Konflikten nachhaltig kommunizieren – am Beispiel der Psychologischen Kampfführung (PSK) der Bundeswehr. In: Österreichische Militärische Zeitschrift, Ausgabe 1, Wien.

Irene ETZERSDORFER, 2007: Krieg / Eine Einführung in die Theorie bewaffneter Konflikte, Verlag UTB, Wien.

Johann Gottlieb FICHTE, 1972: Über den Begriff der Wissenschaftslehre, Verlag Reclam, Stuttgart.

Dirk FREUDENBERG, 2008: Die Theorie des Irregulären / Partisanen, Guerillas und Terroristen im modernen Kleinkrieg, Verlag VS, Wiesbaden.

Hans FRICK, 2000: Brevier der Taktik, Verlag Karolinger, Wien.

Friedrich FRITZ, 1976: Wissenschaftliches Arbeiten im militärischen Bereich. In: Österreichische Militärische Zeitschrift, Ausgabe 5, Wien.

Wilhelm GEMOLL, 1991: Griechisch-deutsches Schul- und Handwörterbuch, Verlag Hölder-Pichler-Tempsky, Wien.

Georg GEYER, 2005: Siegt die Wahrheit? Gedanken zur Wechselwirkung von Propaganda, Massenmedien und Meinungsbildung. In: Österreichische Militärische Zeitschrift, Ausgabe 4, Wien.

Werner HAHLWEG, 1967: Typologie des modernen Kleinkrieges, Verlag Franz Steiner, Wiesbaden.

Werner HAHLWEG, 1976: Militärwesen und Philosophie / Zur Genesis der methodischen Grundlagen des Werkes „Vom Kriege" des Generals von Clausewitz. In: Österreichische Militärische Zeitschrift, Ausgabe 5, Wien.

Rainer HAUSER, 2004: Erzherzog Karl – Ausgewählte militärische Schriften / Grand Stratégie des 19. Jh. für Offiziere und Führungskräfte, Verlag Books on Demand GmbH., Norderstedt.

G.W.F. HEGEL, 1986: Werke Bd. 14, Vorlesungen über die Ästhetik II, Verlag Suhrkamp, Frankfurt am Main.

G.W.F. HEGEL, 1993: Werke Bd. 3, Phänomenologie des Geistes, Verlag Suhrkamp, Frankfurt am Main.

G.W.F. HEGEL, 1994: Werke Bd. 1, Frühe Schriften, Verlag Suhrkamp, Frankfurt am Main.

G.W.F. HEGEL, 1995: Werke Bd. 7, Grundlinien der Philosophie des Rechts, Verlag Suhrkamp, Frankfurt am Main.

Hans HERZ, 1989: „Militärwissenschaften" Inhalte in Ost und West. In: Allgemeine Schweizer Militärzeitschrift/ASMZ Ausgabe 12, Volketswil.

Thomas HOBBES, 1998: Leviathan, Verlag Reclam, Stuttgart.

INTERNET: http://www.uni-kassel.de/fb5/frieden/themen/neuekriege/akuf2005.pdf, abgerufen am 03.03.2009.

Hermann JUNG u. Heinz FLORIAN, 1994: Grundlagen der Militärpädagogik / Eine Anleitung zu pädagogisch verantwortetem Handeln, Verlag Peter Lang, Frankfurt am Main.

Immanuel KANT, 1993: Zum ewigen Frieden, Verlag Reclam, Stuttgart.

Immanuel KANT, 1995: Werke in 6 Bänden, Bd. 5, Die Religion innerhalb der Grenzen der bloßen Vernunft / Die Metaphysik der Sitten, Verlag Könemann, Köln.

Hans R. KLECATSKY u. Siegbert MORSCHER, 1993: Die österreichische Bundesverfassung, Verlag Manz, Wien.

S.I. KRUPNOW, 1965: Dialektik und Militärwissenschaft, Militärverlag der DDR, Berlin (Ost).

Nina LEONHARD u. Ines-Jacqueline WERKNER (Hrsg.), 2005: Militärsoziologie – Eine Einführung, Verlag VS, Wiesbaden.

Walter LIST, 1993: Strafrecht / Die wichtigsten Rechtsvorschriften des materiellen und formellen Strafrechts, Verlag Manz, Wien.

Peter MEYER, 1977: Kriegs- und Militärsoziologie, Verlag Goldmann, Augsburg.

Charles de MONTESQUIEU, 1992: Vom Geist der Gesetze, Bd. 1, Verlag Mohr, Tübingen.

Friedhelm L. MÜLLER, 1997: Vegetius, Abriss des Militärwesens lateinisch und deutsch, Verlag Franz Steiner, Stuttgart.

Herfried MÜNKLER, 2002: Über den Krieg, Verlag Velbrück, Weilerswist.

Karl-Volker NEUGEBAUER, 2006: Grundkurs deutsche Militärgeschichte, Band 1, Die Zeit bis 1914 / Vom Kriegshaufen zum Massenheer, Verlag Oldenbourg, München.

Reinhard NEUMEIER, 2008: Interdisziplinäres Forschen. Verlag Peter Lang, Frankfurt am Main.

ÖSTERREICHISCHER WISSENSCHAFTSRAT, 2010: Universität Österreich 2025, Verlag Jan Sramek KG, Wien.

Horst PLEINER, 1998: Operative Führung im Bundesheer / Ein historischer Abriss. In: Österreichische Militärische Zeitschrift, Ausgabe 2, Wien.

Harald PÖCHER, 2006: Geld, Geld und noch einmal Geld / Streitkräfte und Wirtschaft – Das Österreichische Bundesheer als Wirtschaftsfaktor von 1955 bis in die Gegenwart, Verlag Gra&Wis, Wien.

Hans POSER, 2001: Wissenschaftstheorie, Verlag Reclam, Stuttgart.

Bernhard v. POTEN, 1880: Handwörterbuch der gesamten Militärwissenschaften, Bd. 5, Verlag Archiv, Bielefeld und Leipzig.

Bernhard v. POTEN, 1880: Handwörterbuch der gesamten Militärwissenschaften, Bd. 9, Verlag Archiv, Bielefeld.

Paul RITSCHARD, 1990: Einführung in die Taktik, Verlag Huber, Frauenfeld.

Wolfgang ROYL, 1989: Zur erziehungswissenschaftlichen Rekonstruktion der Militärpädagogik. In: Trotsenburg, Edmund van: Militärpädagogik, Verlag Peter Lang, Frankfurt am Main.

I. J. SCHAWROW u. M. I. GALKIN, 1980: Methodologie der militärwissenschaftlichen Erkenntnis, Militärverlag der DDR, Berlin (Ost).

Manfred G. SCHMIDT, 1995: Wörterbuch zur Politik, Verlag Kröner, Stuttgart.

Gerhard SCHURZ, 2006: Einführung in die Wissenschaftstheorie, Verlag WBG, Darmstadt.

Peter SLOTERDIJK, 1983: Kritik der zynischen Vernunft, Bd. 2, Verlag Suhrkamp, Frankfurt am Main.

M. W. SMIRNOW u. a., 1961: Über sowjetische Militärwissenschaft, Militärverlag der DDR, Berlin (Ost).

W. D. SOKOLOWSKI, 1969: Militär-Strategie, Verlag Markus, Köln.

M. SOWORODKIN, 1959: Die Taktik als Bestandteil der Kriegskunst, Militärverlag der DDR, Berlin (Ost).

Emil SPANNOCCHI, 1976: Verteidigung ohne Selbstzerstörung, Verlag Hanser, Wien.

Baruch de SPINOZA, 1994: Politischer Traktat, Verlag Meiner, Hamburg.

Baruch de SPINOZA, 2007: Ethik in geometrischer Ordnung dargestellt, Verlag Meiner, Hamburg.

Christian STADLER, 2000: 20 Jahre „Military-Ethics-Conference" in den USA. In: Österreichische Militärische Zeitschrift, Ausgabe 3, Wien.

Andreas STUPKA, 2008: Strategie denken, Verlag Astoria, Wien.

THUKYDIDES, 1993: Der Peloponnesische Krieg, Verlag Phaidon, Essen.

Erich VAD, 1998: Operative Führung / Grundlagen, Merkmale, Perspektiven. In: Österreichische Militärische Zeitschrift, Ausgabe 2, Wien.

Wolfgang WILDBERGER, 2006: Emil Spannocchi / engagiert und eloquent, Verlag Vehling, Graz.

Thomas WILL, 1997: Operative Führung / Versuch einer begrifflichen Bestimmung im Rahmen von Clausewitz' Theorie „Vom Kriege", Verlag Dr. Kovac, Hamburg.

Karl ZAPPE, 1897: Grundzüge des Militärstrafrechts, Eigenverlag, Wiener Neustadt.

Stefan ZWEIG, 2001: Die Welt von gestern, Verlag Büchergilde Gutenberg, Frankfurt am Main.

10 Abbildungsverzeichnis

Titelbild: Statue der Göttin PALLAS ATHENE
                vor dem Österreichischen Parlament, Wien.

                Photo: Vizeleutnant Johann KAINZ, (10. Dezember 2010).
                Mit freundlicher Genehmigung.

Abb. 1:   Statue des THUKYDIDES
                vor dem Österreichischen Parlament, Wien.   87
                (Linke Auffahrtsrampe: 1. Statue unten, rechts)

                Photo: Marco WOSCHITZ, (9. Juli 2006 23:42 h),
                http://www.woschitz.net
                Der Urheberrechtsträger dieser Datei hat ein unbeschränktes Nutzungsrecht ohne jegliche
                Bedingungen für jedermann eingeräumt. Dieses Nutzungsrecht gilt unabhängig von Ort und
                Zeit und ist unwiderruflich.

MMag. DDr. Andreas W. STUPKA

Geb. 1963; Oberst des Generalstabsdienstes; 1982 Eintritt in die Streitkräfte; 1984–1987 Offiziersausbildung an der Theresianischen Militärakademie zu Wiener Neustadt; 1987–1994 Truppendienst Fliegerabwehr und Infanterie; 1994–1997 Generalstabsausbildung an der Landesverteidigungsakademie zu Wien; ab 1997 Hauptlehroffizier und Lehrgangskommandant an der Landesverteidigungsakademie; Studium Politikwissenschaft / Philosophie Universität Wien, 2002 Promotion Dr. phil. (Politikwissenschaften); abgeschlossene Journalistenausbildung / Medienakademie Salzburg; ab März 2001 Chefredakteur / Österreichische Militärische Zeitschrift (ÖMZ); 2003–2004 Bataillonskommandant; 2005–2006 Chief of Staff / UNDOF (Syrien / Israel); seit September 2008 Leiter des Institutes für Human- und Sozialwissenschaften / IHSW an der Landesverteidigungsakademie; 2010 Promotion Dr. phil. (Philosophie); Mitglied der „Wissenschaftskommission beim BMLVS" und der „Kommission für die wissenschaftliche Zusammenarbeit mit Dienststellen des BMLVS" der Österreichischen Akademie der Wissenschaften.

Mag. Dietmar FRANZISCI

Geb. 1953; Generalleutnant, 1971 Eintritt in die Streit-kräfte; 1972–1975 Offiziersausbildung an der There-sianischen Militärakademie zu Wiener Neustadt; 1975–1982 stv. Kompaniekommandant und Kompaniekom-mandant einer Infanteriekompanie; 1982–1985 Gene-ralstabsausbildung; 1985–1991 G3 und stv. Chef des Stabes beim Militärkommando Kärnten; 1991–1995 Referatsleiter der Generalstabsabteilung im BMLV; 1995–1998 G2 beim Korpskommando I; 1998–2000 stv. Leiter der Abteilung Militärstrategische Gesamt-planung beim BMLV; 2000–2002 Leiter der Abteilung Militärstrategie beim BMLV; 2003–2006 Leiter der Gruppe Konzeptplanung & stv. Leiter Management ÖBH 2010; 2006–2008 Chef des Stabes beim Streit-kräfteführungskommando; seit Februar 2008 Leiter der Sektion II beim BMLVS; Mitglied der „Wissenschafts-kommission beim BMLVS" und der „Kommission für die wissenschaftliche Zusammenarbeit mit Dienststel-len des BMLVS" der Österreichischen Akademie der Wissenschaften.

Mag. Raimund SCHITTENHELM

Geb. 1947; General; 1966 Eintritt in das Bundesheer; 1966–1970 Offiziersausbildung an der Theresianischen Militärakademie zu Wiener Neustadt; anschließend Truppendienst in einer Jägerbrigade; 1975–1978 Generalstabsausbildung an der Landesverteidigungsakademie Wien; ab 1978 Hauptlehroffizier, Lehrgangskommandant und Chef des Stabes an der Landesverteidigungsakademie; 1987–2002 Leiter der Adjutantur, Kabinettschef und Stabschef des Bundesministers für Landesverteidigung; 2004 Individuelles Diplomstudium an der Universität Wien, seit Jänner 2002 Kommandant der Landesverteidigungsakademie; Mitglied der „Wissenschaftskommission beim BMLVS" und der „Kommission für die wissenschaftliche Zusammenarbeit mit Dienststellen des BMLVS" der Österreichischen Akademie der Wissenschaften.

Verlag der Österreichischen Akademie der Wissenschaften
Wien 2010

Folgende Publikationen sind inzwischen erschienen:

- **Projektbericht 1:**
  Elisabeth Lichtenberger: Geopolitische Lage und Transitfunktion Österreichs in Europa. Wien 1999.

- **Projektbericht 2:**
  Klaus-Dieter Schneiderbauer und Franz Weber (mit einem Beitrag von Wolfgang Pexa): Stoß- und Druckwellenausbreitung von Explosionen in Stollensystemen. Wien 1999.

- **Projektbericht 3:**
  Elisabeth Lichtenberger: Analysen zur Erreichbarkeit von Raum und Gesellschaft in Österreich. Wien 2001.

- **Projektbericht 4:**
  Siegfried J. Bauer (mit einem Beitrag von Alfred Vogel): Die Abhängigkeit der Nachrichtenübertragung, Ortung und Navigation von der Ionosphäre. Wien 2002.

- **Projektbericht 5:**
  Klaus-Dieter Schneiderbauer und Franz Weber (mit einem Beitrag von Alfred Vogel): Integrierte geophysikalische Messungen zur Vorbereitung und Auswertung von Großsprengversuchen am Erzberg/Steiermark. Wien 2003.

- **Projektbericht 6:**
  Georg Wick und Michael Knoflach: Kardiovaskuläre Risikofaktoren bei Stellungspflichtigen mit besonderem Augenmerk auf die Immunreaktion gegen Hitzeschockprotein 60. Wien 2004.

- **Projektbericht 7:**
  Hans Sünkel und Alfred Vogel (Hrsg.): Wissenschaft – Forschung – Landesverteidigung: 10 Jahre ÖAW – BMLV/LVAK. Wien 2005.

- **Projektbericht 8:**
  Andrea K. Riemer und Herbert Matis: Die Internationale Ordnung am Beginn des 21. Jahrhunderts. Eigenschaften, Akteure und Herausforderungen im Kontext sozialwissenschaftlicher Theoriebildung. Wien 2006.

- **Projektbericht 9:**
  Roman Lackner, Matthias Zeiml, David Leithner, Georg Ferner, Josef Eberhardsteiner und Herbert A. Mang: Feuerlastinduziertes Abplatzverhalten von Beton in Hohlraumbauten. Wien 2007.

- **Projektbericht 10:**
  Michael Kuhn, Astrid Lambrecht, Jakob Abermann, Gernot Patzelt und Günther Groß: Die österreichischen Gletscher 1998 und 1969, Flächen und Volumenänderungen. Wien 2008.

- **Projektbericht 11:**
  Hans Wallner, Alfred Vogel und Friedrich Firneis: Österreichische Akademie der Wissenschaften und Streitkräfte 1847 bis 2009 – Zusammenarbeit im Staatsinteresse. Wien 2009.

- **Projektbericht 12:**
  Andreas Stupka, Dietmar Franzisci und Raimund Schittenhelm: Von der Notwendigkeit der Militärwissenschaften. Wien 2010.